# 三红集

何 文 ◎ 著

何文诗词选

中国文联出版社

图书在版编目（CIP）数据

三红集 / 何文著. -- 北京：中国文联出版社，2023.12
ISBN 978-7-5190-5256-0

Ⅰ.①三… Ⅱ.①何… Ⅲ.①诗集－中国－当代 Ⅳ.①I227

中国国家版本馆 CIP 数据核字(2024)第 025523 号

| 著　　者 | 何　文 |
|---|---|
| 责任编辑 | 付劲草 |
| 责任校对 | 秀点校对 |
| 装帧设计 | 杰瑞设计 |

| 出版发行 | 中国文联出版社有限公司 | | |
|---|---|---|---|
| 社　　址 | 北京市朝阳区农展馆南里 10 号 | 邮编 | 100125 |
| 电　　话 | 010-85923025（发行部） | 010-85923091（总编室） | |
| 经　　销 | 全国新华书店等 | | |
| 印　　刷 | 廊坊市瑞德印刷有限公司 | | |

| 开　　本 | 880 毫米 x 1230 毫米　1/32 |
|---|---|
| 印　　张 | 9 |
| 字　　数 | 150 千字 |
| 版　　次 | 2023 年 12 月第 1 版第 1 次印刷 |
| 定　　价 | 58.00 元 |

版权所有·侵权必究
如有印装质量问题，请与本社发行部联系调换

作者夫妇参加合唱团

作者夫妇旅游观光

作者夫妇旅游观光

作者 2017 年诗作获奖

作者夫妇参加合唱团

家人为作者庆祝 80 岁生日

作者和孩子们一起旅游观光

家人为作者夫妇庆祝钻石婚

作者夫妇和亲戚们在一起

家人为作者庆祝 88 岁生日

何文，安徽省枞阳县人，1933年生。1949年2月在枞阳县义军乡政府参加支前工作，1955年6月起任将军区区委书记，先后调任陈湖区、白云区，在区委书记位置连续17年。1971年任县委办公室副主任，主持工作（共8年），1979年以后任枞阳县县委宣传部长、县委常委、县委副书记兼县政协主席，先后任县政协主席4届（共12年）。

1997年1月成为中华诗词学会会员。2014年7月，在长江文艺出版社出版诗集《第二春天——何文诗集选》（共11集）。在2017年第八届中国艺术盛典中，获"中华诗坛领先奖"。

枞阳是"桐城派"的故乡，古往今来，文人很多。作者由于工作需要，广泛接触老文人、老诗人、老知识分子并借此机会与他们交流，虚心向他们请教，学习格律诗词，以诗会友。经过十多年的努力，至20世纪末，习作已有近1800首。

本诗集是作者从未发表的1200首诗词里筛选出来的，歌颂新时代、歌颂美好生活的主旋律诗词作品。也是作者同爱好诗词的朋友们，在诗词创作上一起努力、共同前进的记录。

# 自　序

继 2014 年出版《第二个春天——何文诗词选》后，我一直想再出版一本诗集选，名曰《三红集》，即"红豆集""红尘集""红楼集"。如此，我所写的 2000 首格律诗词和一些自由体诗，基本上能够实现大部分出版，可以展现我在诗词创作上的全貌。这样，我也能告慰那些已离世的老友，同时也满足一些好朋友的需要。我曾经说过拟编《三红集》却未实现，而出版的是《第二个春天——何文诗词选》，现在我能完成这个夙愿，也就开心了。

这里需要说明一下：本书有三首诗在《第二个春天——何文诗词选》里登载过，如《何家中山（第一首）》《敬呈张复周先生（第一首）》《奉和张鹤先生八十书怀瑶韵（第二首）》。为了这几组诗的完整性，不得已拿回来放在这本新诗集里。

这本诗词集与《第二个春天——何文诗词选》相辉映，以歌唱新时代、歌颂人民为主要内容，分享喜闻乐见的事物，和爱好诗词的朋友们在诗词创作上一起努力，共同前进。

# 目 录

## 红豆集

寄鲍轩老 …………………………………… 003
夜访鲍轩沿途所见 ………………………… 003
恭呈鲍轩 …………………………………… 003
大雪方晴寄鲍轩老 ………………………… 004
仲春寄鲍轩老 ……………………………… 004
寄鲍轩老 …………………………………… 005
寄鲍轩先生 ………………………………… 005
次韵寄高皖英先生 ………………………… 005
新年寄高皖英先生 ………………………… 006
寄高皖英先生 ……………………………… 006
答陶高 ……………………………………… 006
祝愿陶醉《霜桥集续篇》早日问世 ……… 007
祝贺张五鹏先生八十寿辰 ………………… 007
寄张五鹏老师 ……………………………… 008
寄张五鹏先生 ……………………………… 008
喜读咏梅诗作有感 ………………………… 008
县老联集会 咏梅因病请假感作 ………… 009
学诗感怀寄咏梅 …………………………… 009
寄史咏梅女史 ……………………………… 009
寄史咏梅女史 ……………………………… 010
寄国屏兄 …………………………………… 010
寄朱泽云先生 ……………………………… 011
新年寄项信忠先生 ………………………… 011

| | |
|---|---|
| 寄陆少扬先生 | 011 |
| 寄章亚中先生 | 012 |
| 新年寄章亚中先生 | 012 |
| 次韵奉和张济涛先生 | 012 |
| 答钱觉先生 | 013 |
| 答刘春霞先生 | 013 |
| 敬呈张复周先生 | 014 |
| 题吕笑尘金陵昙花一现时留影 | 015 |
| 寄朱启纲老先生 | 015 |
| 恭呈朱启纲先生 | 015 |
| 追悼朱启纲先生 | 016 |
| 寄胡山高先生 | 016 |
| 虎寄胡山高先生 | 017 |
| 哭孙老——长友 | 017 |
| 悼念施在福同志 | 018 |
| 悼海船 | 018 |
| 清平乐·寄聂家铸先生 | 018 |
| 次韵奉和聂丈五绝原玉 | 019 |
| 寄聂家铸先生 | 020 |
| 中秋寄聂家铸先生 | 020 |
| 除夕寄聂家铸先生 | 020 |
| 新春寄聂家铸先生 | 021 |
| 迎港归步聂家铸先生韵 | 021 |
| 奉和何宗贵先生八十大寿原玉 | 021 |
| 奉和何宗贵先生《石台怀旧》原玉 | 022 |
| 忆江南·寄丁育民先生 | 022 |
| 寄昭元同志 | 023 |
| 寄方逸同志 | 023 |
| 寄方逸同志 | 024 |
| 寄许效民先生 | 024 |

| | |
|---|---|
| 寄金龙岗先生 | 024 |
| 龙山艺苑遇故人 | 025 |
| 寄画家周一龙先生 | 025 |
| 题童虹老师孔雀牡丹画 | 026 |
| 书赠徐继达主席 | 026 |
| 寄郑福华先生 | 026 |
| 遣怀奉和郑福华《退休吟》原玉 | 027 |
| 读《子华吟草》 | 027 |
| 读《劳章吟草》 | 028 |
| 读《石华吟草》 | 028 |
| 嵌名联为枞阳《东乡诗联》朋友作 | 028 |
| 付大章老同志来函 | 029 |
| 寄付大章老同志 | 029 |
| 听付老谈话 | 030 |
| 新年寄付大章老同志 | 030 |
| 访方浩、张兰香二老 | 030 |
| 蝶恋花·寄郭因 | 031 |
| 高阳台·郭因先生谈浮山建设 | 031 |
| 虞美人·寄郭因先生 | 032 |
| 诉衷情·寄郭因先生 | 032 |
| 寄贤会、锡英同志 | 032 |
| 题影寄贤会同志 | 033 |
| 寄贤会、锡英同志 | 033 |
| 寄贤会、锡英同志 | 034 |
| 远望寄南京大桥泽华、秀容同志 | 034 |
| 抒怀寄泽华、秀容 | 035 |
| 新年寄泽华、秀容同志 | 035 |
| 西江月·孙秀容家小宴 | 035 |
| 寄北京友人四季歌 | 036 |
| 迎春寄梅老 | 037 |

| | |
|---|---|
| 仲春寄梅嶙老 | 037 |
| 初夏寄梅老 | 037 |
| 晚秋寄梅老 | 038 |
| 寄怀梅老 | 038 |
| 仲夏寄梅嶙老 | 038 |
| 寄梅嶙高先生 | 039 |
| 寄梅嶙高先生 | 039 |
| 中秋寄梅嶙高先生 | 039 |
| 蜡梅寄梅嶙高先生 | 040 |
| 1993年春节寄雪岩公 | 040 |
| 寄雪岩公 | 040 |
| 新年寄梅嶙老 | 041 |
| 奉和张鹤先生《感怀》原玉 | 041 |
| 奉和张鹤先生70初度翰墨留痕 | 042 |
| 次张鹤先生《忆江南》韵 | 042 |
| 寄张鹤先生 | 043 |
| 奉和张鹤先生癸酉元旦试笔 | 043 |
| 奉和白翎先生1996，元旦原玉 | 043 |
| 奉和鹤老乙亥中秋79初度原玉 | 044 |
| 题诗人张鹤先生近影 | 044 |
| 张鹤先生回乡庐州赏月 | 045 |
| 宜城团聚（十五月亮十六圆） | 045 |
| 登楼拜访（丙子年八月十八） | 045 |
| 鹤老手抄《要从天上度中秋》新作 | 046 |
| 张鹤家中诗人聚会 | 046 |
| 拜房秩五为师 | 047 |
| 奉和张鹤先生八十书怀瑶韵 | 047 |
| 步张鹤先生丁丑仲春宜城留别原玉 | 048 |
| 中秋寄张鹤先生 | 048 |
| 为张慧中女史作 | 049 |

| | |
|---|---|
| 奉和白翎、慧中先生《还乡留韵》 | 049 |
| 奉和疏植桤先生 | 050 |
| 依聂家铸东字韵酬答疏植桤先生 | 050 |
| 次汪洋词丈和疏影先生韵 | 051 |
| 读疏植桤先生旅美杂咏 | 051 |
| 奉和疏影先生庚午岁暮感赋 | 052 |
| 怀念疏植桤先生 | 052 |
| 恭呈书法家王恺和先生 | 052 |
| 怀念王恺和大师 | 053 |
| 怀念书法家王恺和先生 | 053 |
| 春日感怀寄辅英先生 | 054 |
| 次韵奉和张辅英先生 | 054 |
| 寄张辅英先生 | 055 |
| 寄英师读四次还乡杂咏 | 055 |
| 中秋寄英师 | 056 |
| 恭和张辅英先生《观海有感》 | 056 |
| 新年寄英师 | 056 |
| 重九寄台湾友瑜先生、凤兰女士 | 057 |
| 寄刘友瑜先生、黄凤兰女士 | 057 |
| 约刘友瑜先生回故乡过春节 | 058 |
| 寄刘友瑜先生、黄凤兰女士 | 058 |
| 访刘友瑜先生家 | 058 |
| 寄友瑜先生、凤兰女士 | 059 |
| 圣诞节寄友瑜先生、凤兰女士 | 059 |
| 寄钱伯智先生 | 060 |
| 新年寄钱伯智先生 | 060 |
| 新年寄钱伯智先生 | 060 |
| 寄钱伯智先生、刘友瑜先生 | 061 |
| 圣诞节寄伯智先生、桂珠女士 | 061 |
| 圣诞节寄伯智先生、桂珠女士 | 062 |

1992年岁暮感怀……062
寄刘之峻先生……063
寄侯书麟先生……063
寄陈正平先生……063
寄陈皖声先生……064
寄王维先生……064
寄王锡五先生……064
寄王锡五先生……065
白云岩重九寄吴秉弘先生……065
寄周铁夫先生……066
书赠俊西同志……066
再赠俊西……067
西江月·书赠超歌新书发布会暨与会诸君子……067
西江月·超歌新书读后……068
难忘李宇……068
祝贺李宇上海交大任教……068
寄王娜……069
书赠章麟玲老师……069
君慧老同学余国成夫妇在五角场大酒店宴请……070
题王习之、董永聪贤伉俪四十年代南京结婚玉照…070
题王先生王太太孙女结婚大家庭合影……071
书赠公寓超九十老人淑贞……071
减字木兰花·赠淑贞女史……071
诉衷情·赠淑贞老……072
访安国先生……072
感谢邻居小章……073
送书吴石华先生……073
送书朱贤良同学……073
送书王球先生……074
送书张润先生家……074

送书钱明先生家人 …… 074
送书江静文先生 …… 075
李母乔迁，雪芳带晨练朋友登门贺喜 …… 075
怀念陈湖区食堂炊事员东舟老 …… 076
怀念陈湖区秘书王建邦先生 …… 076
怀念周恩培书记 …… 076
怀念张满康书记 …… 077
怀念唐志澄书记 …… 077
怀念钱侃夫先生 …… 077
怀念陶能为先生 …… 078
怀念县委宣传部何宏波先生 …… 078
怀念枞阳小学王笑愚校长 …… 078
怀念县委办公室陆支信先生 …… 079

## 红尘集

纪念孔子诞辰 2250 周年 …… 085
诉衷情·包公 …… 085
雨霖铃·纪念谭嗣同殉难 100 周年 …… 086
人民领袖毛泽东 …… 086
诉衷情·怀念总理 …… 087
怀念周总理 …… 088
怀念总理 …… 088
纪念周总理诞辰 100 周年 …… 089
世纪伟人邓小平 …… 089
看电视邓小平骨灰撒向大海 …… 090
偶感 …… 090
寄语 …… 090
钱学森先生获得"小罗克韦尔奖章"有感 …… 091

| | |
|---|---|
| 台湾书法家谢培安仙逝，诗以祭之 | 091 |
| 悼安庆市郊区原政协主席方应真 | 092 |
| 怀念钱明先生 | 092 |
| 书赠毛姑 | 092 |
| 一剪梅·读台湾张慧中女史《绝笔词》 | 093 |
| 读王自武《慈母集》 | 093 |
| 西江月·《少女》寄伟成先生 | 093 |
| 受张疏委托送辽西痴女上车归里 | 094 |
| 鹧鸪天·彩云 | 094 |
| 少年游·姜尧章寓居合肥又远别 | 095 |
| 偶成寄钱千先生 | 095 |
| 西江月·吴卫凤 | 095 |
| 黑马 | 096 |
| 游莫愁湖 | 096 |
| 雨中留影 | 097 |
| 庆祝"六一"小主人 | 097 |
| 庆祝第六个教师节 | 097 |
| 守望庆祝教师节 | 098 |
| 看电视剧一家三代教师亮相 | 098 |
| 桐中90周年校庆 | 098 |
| 读枞阳诗词二十二集 | 099 |
| 访枞阳诗社王国祥先生 | 099 |
| 正月初二枞阳18家郊外即景 | 099 |
| 县城建筑新貌 | 100 |
| 考察将军乡印象 | 100 |
| 丙子年防汛抗洪篇 | 100 |
| 喝彩 | 101 |
| 西江月·参观安庆石化腈纶厂 | 102 |
| 出席安阳织造制衣厂典礼赠董事长 | 102 |
| 西江月·出席县百贺公司开业典礼 | 102 |

| | |
|---|---|
| 桥梁县消费者协会 | 103 |
| 赞县消协理事会即兴 | 103 |
| 庆祝安徽省消协成立五周年 | 104 |
| 献给财政税收物价先进工作者 | 104 |
| 满江红·学习中央〔1992〕2号文件 | 104 |
| 浪淘沙·小脚女人 | 105 |
| 出席枞阳县委庆祝共产党成立70周年 | 105 |
| 满江红·警醒 | 106 |
| 总理不准乱收费有感 | 106 |
| 一九九〇年国庆放歌 | 107 |
| 水调歌头·市党代会观看《闪电行动》电影 | 107 |
| 庆祝国庆40周年 | 108 |
| 远航 | 108 |
| 池荷 | 109 |
| 祝贺县优抚先代会 | 109 |
| 一落索·香港回归 | 109 |
| 香港回归 | 110 |
| 香港百年 | 110 |
| 奥运百年 | 111 |
| 浣溪沙·出席安庆迎江区委统战部座谈会 | 111 |
| 观龙眠画展 | 112 |
| 参观安庆女职工"美在我家"书画展 | 112 |
| 一九九六年中秋诗二首 | 113 |
| 枞阳周家潭乘车过铜陵大桥 | 113 |
| 西江月·铜陵长江大桥 | 113 |
| 宿上海中亚饭店 | 114 |
| 再赠枞阳县黄埔小组 | 114 |
| 水调歌头·为六盘山建市20周年作 | 115 |
| 游碧云洞 | 115 |
| 献给屈玉荣女士 | 116 |

| | |
|---|---|
| 庆千秋·永泰寺 | 116 |
| 元宵晚会（在枞阳电影院观看） | 117 |
| 初夏描述安庆一位中年领导干部 | 117 |
| 宿花山湾 | 117 |
| 亚运会 | 118 |
| 一九九〇年参观桐城乡镇企业 | 118 |
| 拔茅山清晨观雪 | 119 |
| 列席 | 119 |
| 打猎 | 120 |
| 翠梧 | 120 |
| 卫夫人 | 120 |
| 感遇 | 121 |
| 1990年元旦抒怀 | 121 |
| 欢送县直干部到基层任职并赞贤内助 | 121 |
| 元宵节县城观灯 | 122 |
| 江村夏景 | 122 |
| 永登圩堤上纳凉 | 123 |
| 回汪 | 123 |
| 县乡镇企业会上即兴而作 | 123 |
| 参观戚矾窑厂 | 124 |
| 欢迎无锡归来新任枞阳纺织厂张厂长 | 124 |
| 参观枞阳县灯泡厂即兴 | 125 |
| 参观天头山铜金矿 | 125 |
| 参观铁铜江头轧钢厂 | 125 |
| 念奴娇·花大姐 | 126 |
| 回忆诗二首 | 126 |
| 宝岛游九首 | 127 |
| 参观罗德岛Newport名人别墅 | 129 |
| 昆士市参观总统旧居、图书馆 | 129 |
| 参观麻州三十五届肯尼迪总统图书馆 | 130 |

| 献给乔布斯 | 131 |
| --- | --- |
| 元宵节耆英歌舞表演 | 131 |
| 上海看世博 | 132 |
| 宿浦东锦江之星旅馆 | 133 |
| 步行南京路 | 133 |
| 和平饭店小坐 | 133 |
| 城隍庙小吃 | 134 |
| 漫步黄浦江岸 | 134 |
| 登东方明珠塔 | 134 |
| 乘游轮游览黄浦江 | 135 |
| 记奶奶拍照 | 135 |
| 记孙儿强强看护 | 135 |
| 回北京第一次碰上堵车 | 136 |
| 今晨看到雾霾 | 136 |
| 游览北京常青公园 | 136 |
| 北京小餐馆吃便餐 | 137 |
| 吃北京烤鸭 | 137 |
| 老农有养老补助金 | 137 |
| 拜访会宫九十六岁老人李应甫 | 138 |
| 徐平为儿子浮中陪读 | 138 |
| 父母开摩托接儿女回家 | 138 |
| 小宝先生 | 139 |
| 合肥之旅 | 139 |
| 西江月·访枞阳安庆新华书店 | 139 |
| 游莲湖公园 | 140 |
| 登幕旗山生态园 | 140 |
| 正月初二波士顿音乐会 | 141 |
| 回忆诗六首 | 141 |
| 加勒比海旅游诗八首 | 142 |
| 华府游诗四首 | 144 |

| 知福惜福三百字 | 145 |
| 尊老爱幼 | 147 |
| 波士顿昆士小学敬老献爱心演唱会 | 147 |
| 芝加哥之行 | 148 |
| 欧洲游 | 150 |
| 三峡游 | 154 |
| 武隆县农家乐饭庄就餐 | 155 |
| 重庆看山 | 155 |
| 重庆乘三峡游轮 | 155 |
| 丰都鬼城留影 | 156 |
| 白帝城留影 | 156 |
| 在小三峡游船上 | 156 |
| 看天然山峡 | 157 |
| 游览三峡大坝 | 157 |
| 第二次到武汉 | 157 |
| 黄鹤楼门前留影 | 158 |
| 搁笔亭题句 | 158 |
| 登黄鹤楼看武汉长江大桥 | 158 |
| 黄鹤楼步崔颢韵 | 159 |
| 找到至匀同志家 | 159 |
| 写给正刚、正志 | 160 |
| 表弟熙民公子票选县城管大队长 | 160 |
| 故乡宗和女儿、宗年儿媳找我要书 | 160 |
| 合肥聚会 | 161 |
| 宿南京秀云家 | 161 |
| 南京大排档 | 162 |
| 乘船游览秦淮河 | 162 |
| 访齐顺成同志家 | 162 |
| 长兴文华家 | 163 |
| 全国百强县——长兴 | 163 |

| 参观长兴县广电单位 | 164 |
| 观看长兴县四大班子办公楼 | 164 |
| 观赏太湖 | 164 |
| 走访文华农庄 | 165 |
| 题茶圣陆羽雕像 | 165 |
| 步行安庆市人民路 | 165 |
| 登长江防洪堤 | 166 |
| 西江月·喜见安庆人民路边长江防洪堤上唱歌跳舞 | 166 |
| 龙珠陪我们游北大清华 | 167 |
| 全国诗词盛典大会 | 167 |
| 彭泽看望胜德表兄 | 168 |
| 看望彭泽诗社赵璧吟长 | 168 |
| 下雨小孤山未去 | 169 |
| 安庆乘车去池州 | 169 |
| 写给克斌、陈静 | 169 |
| 喜见钱秀珍医师 | 170 |
| 访丁育民先生 | 170 |
| 访章尚朴先生家 | 170 |
| 龙珠二伯赞《石溪吟》"清溪白练好风光"句 | 171 |
| 王斌开车送行 | 171 |
| 乐见殷经权夫妇铜陵安家 | 171 |
| 杨宣祥家没人接电话 | 172 |
| 送书寻汪学成家人 | 172 |
| 林家咀送书给福海家人 | 172 |
| 君慧陪我去姚家坂找同学汪能才家人送书 | 173 |
| 访吴朝晴先生家 | 173 |
| 我同君慧向吴朝晴先生遗像鞠躬 | 174 |
| 怀念王思诗 | 174 |
| 老年群体晨练 | 174 |

步行天安门广场……………………………… 175
注目天安门城楼……………………………… 175
参观人民大会堂……………………………… 176
乘游船游颐和园……………………………… 176
西江月·共步颐和园长廊…………………… 176
西江月·佛香阁寺…………………………… 177
西江月·北海………………………………… 177
西江月·观赏京津冀三省市北海公园菊花展……… 178
西江月·喜见京城菜市场互联网付款交易………… 178

## 红楼集

何家中山三首………………………………… 181
悼念何东初老………………………………… 182
十爹爹………………………………………… 182
怀念保传弟…………………………………… 183
怀念传书弟…………………………………… 183
怀念传信弟…………………………………… 183
看望传虎弟…………………………………… 184
新开沟看桂荣妹……………………………… 184
合肥喜见桂花表妹…………………………… 185
怀念宏慈同学………………………………… 185
喜见中山西院传恕同学……………………… 186
何桓家人列队迎接我们……………………… 186
听遵武老人讲心里话………………………… 186
赠何进………………………………………… 187
追思祖父……………………………………… 187
冬至为祖母安碑……………………………… 188
读张鹤先生乙亥春夜梦中会母有感而作……… 188

| 偶成寄表兄 | 189 |
| --- | --- |
| 寄怀表兄 | 189 |
| 癸酉三春寄表兄嫂 | 190 |
| 正华电告父亲癌症手术 | 190 |
| 表哥6月15日手书寄我 | 191 |
| 沁园春 | 191 |
| 题鸿文表兄病后夫妇合影 | 192 |
| 壬申中秋寄鸿文表兄 | 192 |
| 寄鸿文表兄 | 193 |
| 望海潮·依秦观韵 | 194 |
| 长相思 | 195 |
| 七律·永别 | 195 |
| 题"生命不是小说"贺卡 | 196 |
| 噩耗传来（鸿文表兄1996年1月26日逝世） | 196 |
| 寄陆正华侄女 | 196 |
| 怀念王佩庭亲家 | 197 |
| 怀念王金元表兄嫂 | 197 |
| 怀念江旺渔业村刘文必大表姐夫 | 198 |
| 怀念吴声扬兄及二表姐 | 198 |
| 怀念吴福宽表弟 | 198 |
| 怀念王生如表弟 | 199 |
| 怀念陆大亮表弟 | 199 |
| 迎春曲 | 199 |
| 山望 | 201 |
| 步行跌倒 | 202 |
| 感怀 | 202 |
| 拔草 | 202 |
| 自述 | 203 |
| 2014年感恩节外孙查理家 | 203 |
| 铲雪 | 203 |

| | |
|---|---|
| 二月十一日冰上行 | 204 |
| 养生心得 | 204 |
| 二月七日邀公寓老人茶叙 | 205 |
| 家里两盆花 | 205 |
| 元宵节耆英歌舞表演 | 205 |
| 外孙查理大学提前一年毕业留校工作有感 | 206 |
| 祝贺外孙女丽碧录取麻省理工学院 | 206 |
| 老年步行 | 206 |
| 老年步行 | 207 |
| 练健身功一周年 | 207 |
| 喜结善缘 | 208 |
| 西江月·要给多一点鼓励 | 208 |
| 赠向军龙珠 | 209 |
| 赠孙儿强强 | 209 |
| 赞微信"青山禾田" | 210 |
| 赞微信"我爱我家" | 210 |
| 喜见向群获得荣誉证书 | 210 |
| 迎2016年元旦 | 211 |
| 拟编《三红集》 | 211 |
| 后围墙202 | 211 |
| 宿安庆后围墙202 | 212 |
| 书赠芙蓉表弟妹 | 212 |
| 听朝来表弟讲家中事 | 212 |
| 怀念岳母 | 213 |
| 代男姑 | 213 |
| 从君慧三舅母说起 | 213 |
| 我的身体生活缩影十首 | 214 |
| 生日礼 | 216 |
| 生日留影 | 216 |
| 向红上班前电话祝福 | 217 |

| | |
|---|---|
| 强强发来邮件祝爷爷生日快乐 | 217 |
| 金缕曲·庆贺张家太祖母百岁诞辰 | 217 |
| 长兴欢度春节 | 218 |
| 题长兴留影 | 218 |
| 新年寄张德忠先生 | 219 |
| 寄张德忠先生 | 219 |
| 张德忠先生创办彩电技术专科学校 | 219 |
| 赠李友娣亲家母 | 220 |
| 寄兴化市戴南镇建林父母 | 220 |
| 建龙家过圣诞节 | 220 |
| 红梅 | 221 |
| 芙蓉 | 221 |
| 紫荆(百日红) | 222 |
| 芭蕉 | 222 |
| 虎年初一 | 222 |
| 君慧第二次住院 | 223 |
| 君慧第二次进手术室握手 | 223 |
| 明年见 | 224 |
| 牛年岁暮感怀 | 224 |
| 1月30日君慧一夜未眠 | 224 |
| 君慧出院 | 225 |
| 君慧住安师院我常来探亲 | 225 |
| 不寐 | 225 |
| 感事 | 226 |
| 1988年7月1日至贵池江敏华同志家 | 226 |
| 春日偶成 | 227 |
| 一九九〇年元旦 | 227 |
| 告别八十年代 | 227 |
| 宜城早春 | 228 |
| 宜城暮春 | 228 |

| 百日红（紫荆）寄何宗贵先生 | 229 |
| --- | --- |
| 宜城中秋赏月 | 229 |
| 沁园春·离职 | 230 |
| 猴年除夕 | 230 |
| 鸡年春节 | 231 |
| 无题 | 231 |
| 枯荷1995年12月30日晨于菱湖公园 | 231 |
| 在野 | 232 |
| 安庆乘车到家 | 232 |
| 初秋感怀 | 232 |
| 12月29日晨，枞阳至怀宁，车上作 | 233 |
| 金缕曲·四进上海瑞金医院 | 233 |
| 生命走向 | 234 |
| 瑞金医院住院有感 | 234 |
| 赠老伴 | 234 |
| 留言 | 235 |
| 感怀 | 235 |
| 感怀 | 235 |
| 感怀安庆市政协九届五次全会 | 236 |
| 追记 | 236 |
| 安庆金凤旅馆 | 236 |
| 向军为改变环境自谋职业作此诗勉之 | 237 |
| 1991年春节作 | 237 |
| 记1月2日凌晨向群电话 | 238 |
| 题云飞向群父子影母子影 | 238 |
| 1988年春节寄美国女儿女婿 | 239 |
| 寄向群、云飞 | 239 |
| 圣诞节寄云飞、向群 | 240 |
| 寄北京向红、美国波士顿向群 | 240 |
| 建林、向红结婚喜赋 | 241 |

| 祝向红北京成家 | 241 |
| 沿途所见 | 242 |
| 圣诞节寄加拿大渥太华建林、向红 | 242 |
| 送向红至波士顿车站回加拿大 | 242 |
| 展望新年寄向红、建林 | 243 |
| 题向红近影 | 243 |
| 寄建林 | 243 |
| 寄语 | 244 |
| 诗三首 | 245 |
| 向军获得管理科学与工程博士学位 | 246 |
| 龙珠在京聘任主任医师 | 246 |
| 1994年8月2日云飞博士论文答辩通过 | 247 |
| 1994年11月21日向群博士论文答辩通过 | 247 |
| 建林获得空间物理博士学位 | 247 |
| 向红获得计算机学士学位 | 248 |
| 寄语孙儿强强 | 248 |
| 祝何强生日快乐 | 248 |
| 强强骑虎题照 | 249 |
| 寄孙儿强强 | 249 |
| 远望寄加拿大女婿、女儿、外孙女 | 249 |
| 为外孙女沐伦在安庆出生作 | 250 |
| 沐伦 | 250 |
| 寄加拿大外孙女沐伦 | 251 |
| 眼看佳佳 | 251 |
| 喜闻张宇在美国出生 | 251 |
| 寄美国外孙查理 | 252 |
| 祝贺元元诞生 | 252 |
| 丽碧两周岁生日 | 252 |
| 丽碧在安庆机场 | 253 |
| 题查理、丽碧童年留影 | 253 |

西江月·波士顿公园……253
西江月·波士顿花园……254
老年公寓……254
春日波士顿北郊……255
波士顿北部看落叶……255
波士顿罗根机场起飞回国……255
北京首都机场家人接机……256
女儿向群迎接罗根机场……256
七十抒怀……256
庆贺君慧八十寿辰……257
念奴娇·一甲子同行……258
钻石婚庆典……258

**后记**……260

**感恩与传承**……262

# 红豆集

这一集大部分是我退至二线后从怀宁回枞阳后，为在工作中结识的友人写的诗，他们都比我年长，有丰富的阅历，和较高的学识，我应向他们学习，以诗的形式能把他们的形象刻画出来。这些老人已离世的颇多，健在的很少。为尊重他们，我考虑不计工拙，把过去为他们写过的诗放在这一集上，让他们的后代和关心他们的人士能看到他们的美好形象。我还写了几首诗歌颂曾经一起共事、相互支持、风雨同舟、生死与共的同志忘我工作的风采。我时常想起唐代诗人王维的《相思》："红豆生南国，春来发几枝。愿君多采撷，此物最相思。"我想采撷一枝作为永远留念，永远相思吧！

## 寄鲍轩老

山寒水冷正严冬,红日高悬染劲松。
削壁巉崖坚似铁,一夫可挡万夫雄。

注:鲍轩,枞阳县人,县政协委员。

1996 年 1 月

## 夜访鲍轩沿途所见

小路弯弯石子坚,星星伴我访乡贤。
山间林静栖飞鸟,湖面波平系钓船。
野外茅棚薪火旺,洞房花烛丽人眠。
满园松竹多青翠,一派生机不夜天。

1990 年 12 月 19 日

## 恭呈鲍轩

一盏清茶韵味鲜,心明眼亮意绵绵。
鲍家凹里苍龙健,合意山中赤子贤。

久慕春蚕情与义,更怜花烛泪如泉。
人间多少爱和恨,化作香泥雨露篇。

1991 年 5 月 20 日

### 大雪方晴寄鲍轩老

瑞雪兆丰年,春光耀眼前。
田收千担谷,地产万斤棉。
鸟站高枝唱,鱼游泽国眠。
情丝难得断,梦里戏山鹃。

1992 年冬

### 仲春寄鲍轩老

菜子湖边望眼迷,山青水秀鸟盘飞。
新篁宅后披新绿,雨打桃花麦菜肥。

1992 年 3 月 24 日

## 寄鲍轩老

久住云山仙气多，宏观世界意如何。
新生事物无穷尽，绿草茵茵戏白鹅。

1992 年 6 月 5 日

## 寄鲍轩先生

人生路上病魔多，苦雨凄风任折磨。
古往今来难避免，英雄不必泪滂沱。

1997 年 12 月 29 日

## 次韵寄高皖英先生

历尽沧桑促老成，悲欢离合梦魂惊。
胸怀大志空虚度，眼望前程路不平。
雾里庐山山暂暗，云中秋月月长明。
欣观两岸风光好，愿伴先生万里行。

注：高皖英，枞阳县人，枞阳县黄埔小组组长，县政协常委。"枞阳县黄埔小组"是"黄埔军校同学会"枞阳县分支机构。

1995 年 11 月 23 日

## 新年寄高皖英先生

百炼千锤可养身,丹心耿耿为他人。
黄埔风格今何在,野外山溪可问津。

1997 年 1 月 27 日

## 寄高皖英先生

总为人民道苦情,只缘老树共根生。
栋梁需要防虫蛀,大众才能享太平。

## 答陶高

龙桥白石两乡贤,爱结良缘共一船。
茅舍安身迎旭日,小桥流水灌农田。
才高艺广华章见,德厚道深玉树全。
看破红尘人不老,春光浩荡一年年。

1989 年 1 月

## 祝愿陶醉《霜桥集续篇》早日问世

大步追寻试比肩,岂知元善又居前。

匆匆岁月无痕迹,浩浩江河未结缘。

壮志已随流水去,温情难觅丽人怜。

霜桥霜重秋风起,戴月披星迎晓天。

注:陶醉,枞阳县人,黄埔小组成员,诗人。

1996 年 4 月 19 日

## 祝贺张五鹏先生八十寿辰

安贫乐道貌依然,手捧诗书不计年。

仰望高山云鹤立,畅游大海铁舟坚。

历经飓雨狂飙后,又赶潮头热浪先。

小巷藏娇多寂静,人称邑里竹林贤。

注:张五鹏,枞阳县人,省文史馆馆员,县志办顾问。

1996 年 1 月

## 寄张五鹏老师

满架诗书不值钱,书生老去自怜怜。
早春二月天还冷,墙外茶花已吐鲜。

1996 年 2 月 22 日

## 寄张五鹏先生

日月深情爱老年,布衣瘦影白云边。
清光浩荡传乡里,风雨人生过百川。

1997 年 1 月 23 日

## 喜读咏梅诗作有感

高唱吟坛引兴长,珠联璧合我无光。
梅虽逊雪三分白,雪却输梅一段香。
志士难忘沧海梦,书生易发少年狂。
长明灯下人无倦,手抱鲜花入醉乡。

注：史咏梅,枞阳县人,女诗人,曾任枞阳诗社副会长,县政协老联委副主任。

1989 年 10 月 30 日

## 县老联集会 咏梅因病请假感作

心爱桃源去问津,渔翁可以现真身。
红花艳丽晴方好,挚友交情日更亲。
莫叹生平曾曲折,应怜时代肯图新。
放开眼界乾坤看,多少人间百岁人?

1991 年 5 月 8 日

## 学诗感怀寄咏梅

辞源流得远,诗海浪无边。
水逆舟难进,云遮月不圆。
小家人落后,大国史空前。
总想攀登上,高山共结缘。

1998 年 1 月 3 日

## 寄史咏梅女史

年来日日苦吟哦,头顶泰山任折磨。
盼望腾飞飞不出,汗流如水水成河。

喜看云中一朵花，香飘万里到天涯。
大风大雨难摧折，人道园丁是仙家。

1997 年 1 月 23 日

### 寄史咏梅女史

雪里寒梅经手栽，风云变幻任徘徊。
诗家总是多豪迈，不信春风唤不回。

1996 年 2 月 12 日

### 寄国屏兄

饱览沧桑眼界宽，小楼风月自盘桓。
山间野味山神爱，街上王婆日日欢。

注：叶国屏，桐城县人，曾任县人民银行副行长，计生办副主任。

1996 年 2 月 12 日

## 寄朱泽云先生

红日初升已识荆,蓦然回首夕阳明。

中山枫叶多凋落,嫩草鲜花雨后生。

注:中山,我家所在地,朱泽云曾在此工作过。

1997 年 1 月 27 日

## 新年寄项信忠先生

一餐美食记心间,谈笑风生满屋梁。

我望厦门多美慕,前程万里有辉煌。

注:项信忠,枞阳县人,黄埔小组会员,女儿女婿在厦门工作。

1996 年 2 月

## 寄陆少扬先生

天公赐你活无期,久驻人间不用疑。

为爱桑榆勤尽责,多情日月自推移。

注:陆少扬,离休干部。

1996 年 2 月 12 日

## 寄章亚中先生

一阕清词酒一杯，天天如此没人陪。
缺钱买菜自家种，月下观书不用催。

注：章亚中，枞阳县人，诗人，长期在基层担任领导工作。

1996 年 2 月 12 日

## 新年寄章亚中先生

村居竟日冷清清，未听吟哦到五更。
是否风寒人不敌，身安一枕待天明。

1997 年 2 月 1 日

## 次韵奉和张济涛先生

稻耍西风向日倾，金科玉律出柴荆。
山前兔走田园秀，舍外鸡鸣花果丰。
古朴农家邀酒伴，书香门第亮心旌。
我来欲赏东湖月，鸥鹭殷勤作主迎。

注：张济涛，枞阳县人，诗人。

1997 年

## 答钱觉先先生

君子之交淡如水，小楼闻道长精神。
邑中父老辛培我，海外师兄勤育人。
广结良朋能识伪，深谋畏友可求真。
一年一度兰亭会，喜见田间作上宾。

注：钱觉先，枞阳县人，诗人，桐城著名文人钱田间的后代。

1992 年 9 月 6 日

## 答刘春霞先生

来自民间不敢狂，奉公行事守规章。
山间竹笋人催发，墙上芦苇亦补荒。
蓬雀盘飞天底下，小舟摇动水中央。
双溪侣伴情如蜜，梦绕魂牵美故乡。

注：刘春霞，枞阳县人，诗人。

1992 年 9 月 6 日

## 敬呈张复周先生

百忍先生名复周,连城湖里一沙鸥。
风和日丽寻芳草,月白风清立小舟。
雨柱临头收羽翼,浪花陪伴弄风流。
全身洁白天成就,万类霜天竞自由。

阳春白雪展新容,八十诗翁意万重。
大好河山留浪迹,艰难岁月放歌雄。
中华文物倾心恋,枞水人情美酒浓。
李杜文章垂不朽,一身清气贯长虹。

小巷幽居三十年,情丝缕缕梦魂牵。
箪瓢度日曾无怨,风雨临窗任自然。
偶叹今生逢运厄,相期来世会花前。
京华喜报春潮讯,痛失卿卿已作仙。

南山有一向阳松,干直枝繁叶放青。
大地殷勤多抚慰,上苍严厉亦温馨。
霜摧雪压能坚挺,雨润露滋显性灵。
四面香花红艳艳,顶头高照满天星。

注:张复周,枞阳县人,优秀教育工作者。

1988 年 12 月 6 日

## 题吕笑尘金陵昙花一现时留影

一瞬昙花放,功成造化知。
灵枝擎玉蕊,质朴韵迟迟。

注:吕笑尘,女,枞阳县人,县政协委员。

1990 年 2 月 24 日

## 寄朱启纲老先生

耳听边疆战马鸣,白天黑夜战旗升。
思潮滚滚含新意,战鼓频频在老营。
整训滇西怀壮志,攻防缅北剩余情。
几根硬骨风前立,仍有胸中百万兵。

注:朱启纲,枞阳县人,军人。

1991 年 8 月 13 日北戴河

## 恭呈朱启纲先生

茅屋依稀夕照明,乾坤转动一阳生。
苍松挺拔寒山秀,青鸟盘飞古涧鸣。

世外桃源渔父爱，洞中仙子白云耕。

边陲战事仍留梦，嘚嘚蹄声不计程。

1995 年

## 追悼朱启纲先生

石化惊闻驾鹤去，年前音讯已成空。

先生念我谁知晓，散入迷蒙烟雨中。

1997 年 9 月 14 日

## 寄胡山高先生

水远山高望眼遥，苍松翠柳碧琼瑶。

乡村四月春如海，沪上闲人不寂寥。

1993 年 5 月 22 日

## 虎寄胡山高先生

山枯泉少虎难居，何处容身心觉虚。

若是丛林依旧好，称雄百兽有谁如？

注：胡山高，枞阳县人，小学教师，诗人，画家。

1998年1月2日


## 哭孙老——长友

孙公喜结忘年友，我爱孙公重感情。

微笑相逢心扉启，良言直说胆肝诚。

留连枞水终称好，久住蓬门总觉荣。

病榻前沿亲切会，频浇泪水话生平。

注：孙长友，庐江县人，曾担任枞阳县副县长。

1989年3月29日

## 悼念施在福同志

灵堂遗像展眉颦,像似欢欣迎客人。

祝愿先生新域里,自由自在更精神。

注:施在福,枞阳县人,曾任县委统战部长。

2014 年 10 月 10 日

## 悼海船

念家念祖海船回,老屋居留老命摧。

昔日打渔多吃苦,渔家痛失一贤才。

注:陈海船,下枞阳渔业大队渔民,侨眷,县政协常委。他从深圳回来住在老屋里,深夜心脏病突发去世。

2014 年 10 月 10 日

## 清平乐·寄聂家铸先生

谁家独唱,小院梅花放。红满枝头香烂漫,白雪飞来作伴。

长河三尺冰封，渔翁得意观风。北国炊烟四起，南园郁郁葱葱。

注：聂家铸，太湖县人，诗人。

1991 年 12 月 29 日

## 次韵奉和聂丈五绝原玉

下榻问君宅，故人秋水过。
娇车侵古道，此际意如何。

我进南园里，心爱美兰芝。
酒醉不能醒，春风得意时。

头尾连三载，传书鸿雁多。
太湖山水好，岂敢废吟哦！

1992 年 11 月 6 日

## 寄聂家铸先生

孤雁空飞去,茫茫万里长。
风高难展翅,何必费神伤。

熟地居家好,心宽有吉祥。
老来谁供养,依靠好儿郎。

1996 年 2 月 6 日

## 中秋寄聂家铸先生

月上中天亮太湖,湖光山色两相呼。
风平浪静沙鸥悦,展望银河不觉孤。

1997 年 9 月 14 日

## 除夕寄聂家铸先生

今日完成一岁除,逢年过节不愁鱼。
文明古国能前进,十亿人民靠读书。

1998 年 1 月 27 日

## 新春寄聂家铸先生

人尊上帝帝怜人,科学迷宫可问津。
不少平民寻正路,许多高士觅幽邻。
仰头遥望天堂美,与世无争眼界新。
一片爱心淋雨露,生机勃勃满园春。

1997 年 1 月 28 日

## 迎港归步聂家铸先生韵

香港回归光九州,人民十亿庆丰收。
南园老叟歌时盛,悲喜交加热泪流。

1997 年

## 奉和何宗贵先生八十大寿原玉

艰难跋涉历山川,风雨人生八十年。
骇浪惊涛船到岸,红灯绿酒佛无缘。
丹心一片情依旧,白发三千志益坚。
浏览古今中外事,谈天说地庆华筵。

浪迹江南不问年，春花秋月任时迁。

三生有幸存金骨，一士无方种砚田。

眼望儿孙行正路，心祈华夏溢清泉。

青山红树随风舞，小鸟高歌仰圣贤。

注：何宗贵，枞阳县人，诗人。

1998 年 2 月 21 日

## 奉和何宗贵先生《石台怀旧》原玉

故国光辉亮石台，人生道路巧安排。

茶乡可叙天伦乐，杜府能为词客开。

莫叹南湖风雪夜，应怜石屋海蓬莱。

池阳旧雨难相遇，不老青山梦里来。

1998 年

## 忆江南·寄丁育民先生

江南好，早已记心头。草长莺飞春不老，葱茏古木碧如油，学子荡轻舟。

江南望，日日未曾休。山上朝霞红灿灿，美人梳罢又登楼，笔下庆丰收。

注：丁育民，江苏宜兴市人，曾在《贵池报》担任编辑工作。

1997 年 1 月

## 寄昭元同志

天下良朋聚会多，峥嵘岁月不蹉跎。

真知灼见知多少，古老池阳有下和。

注：吴昭元，枞阳县人，时任池州市委统战部长。

1996 年 2 月 12 日

## 寄方逸同志

挥别怀宁快十年，花坛伴舞意绵绵。

乾坤如此循环转，又值斜阳晚照天。

注：方逸，枞阳县人，曾任怀宁县委常委，宣传部长。

1996 年 2 月 6 日

## 寄方逸同志

万里征途日月长,当年曾是好儿郎。

如今告老无烦恼,皖水桥边作故乡。

1997 年 12 月 19 日

## 寄许效民先生

想见同乡多少年,大江东去望飞船。

心潮滚滚难平息,何日青山美影连。

注:许效民,枞阳县人,电影工作者,诗人。

1996 年 1 月 30 日

## 寄金龙岗先生

天涯游客望龙岗,茅屋秋风已改妆。

沧海桑田多变化,历经风雨见阳光。

注:金龙岗,望江县人,诗人。

1995 年

## 龙山艺苑遇故人

龙山寻艺苑，忽见白头人。

表里仍依旧，神情已焕新。

凤毛由我爱，风骨有朋亲。

才气知君大，余生结好邻。

注：张养源，枞阳县人，诗人，离休干部。1995年12月4日，我去安庆郊区龙山诗书画社学艺，遇张养源同志，虽近在咫尺，不见他已40多年，感而赋之。

1995年12月6日

## 寄画家周一龙先生

彩笔凝神画几张，有山有水有鸡羊。

衷心感谢无为客，何日相逢醉一觞。

注：周一龙，无为县人。

1997年11月24日

## 题童虹老师孔雀牡丹画

爱把屏开一展新,风姿绰约显精神。

诗人眼里千般美,原是画家笔下春。

注:童虹,安庆市人,曾任安庆市老年大学美术教师。

1996 年

## 书赠徐继达主席

名山事业共千秋,可见徐公凤愿酬。

文帝匆匆过客去,巍巍天柱更风流。

注:徐继达,怀宁县人,曾任潜山县委副书记,县政协主席。

1991 年 7 月 10 日

## 寄郑福华先生

为我留名又一辛,多情应属曲阳人。

邀来百子东城会,共度人生第二春。

注:郑福华,定远县诗词学会会长。

1996 年 1 月 29 日

## 遣怀奉和郑福华《退休吟》原玉

穿街走巷步匆匆,世态炎凉百感中。
故旧凋零存浩气,新生蓬勃现骄容。
漫长岁月寻真理,偌大乾坤觅圣衷。
展望前程花似锦,路途遥远怕称翁。

风尘息尽踏芳尘,正是人生第二春。
午夜梦乡思屈子,清晨雪地见冰心。
难忘父母恩情重,牢记苍穹雨露深。
饱览斜阳天渐暗,江边还有未归人。

1996 年 9 月 2 日

## 读《子华吟草》

马不停蹄日夜奔,无边风月白头吟。
眼前展现银河美,红树青山觅旧痕。

1996 年 11 月 17 日

## 读《劳章吟草》

手捧劳章一卷诗,真情开放正逢时。
挥毫泼墨无寒暑,奋发精神可作师。

1996年

## 读《石华吟草》

少年已有成名作,老大犹思新局开。
字字有根风骨硬,教人怎不慕诗才。

1996年

# 嵌名联为枞阳《东乡诗联》朋友作

### 周勃英
蓬勃生机歌梓里,虔心合力唱英雄。

### 陈自如
好学为文,传播益友;登台比武,运用自如。

**谢海潮**

汇涓涓细流归大海,落点点红雨涨春潮。

**谢泽寰**

坐泽国弹琴,水云伴韵;立寰球赏月,星宿为邻。

1996 年 6 月 5 日

# 付大章老同志来函

捧读华章后,心生波浪多。

春风情谊好,引我到淝河。

注:付老,河南人,离休干部。

1996 年 6 月 14 日

# 寄付大章老同志

八十光阴转瞬过,扪心自问竟如何。

历经多少风和雨,总为人民唱赞歌。

1997 年 12 月 24 日

## 听付老谈话

为了前程费苦心,几多勇士立功勋。
自然得意宏图展,谁识当年受害人。

私字当头不讲真,斗来斗去记犹新。
沧桑岁月终能过,铁骨丹心月夜魂。

1997 年

## 新年寄付大章老同志

笑迎新岁两千年,进步潮流涌向前。
科技新花无限美,鸟飞鱼跃满山川。

1999 年末

## 访方浩、张兰香二老

八十高龄仍有神,风流还是画中人。
特来看望无他意,互吐情怀眼见真。

注:方、张二老,抗日战士。

1999 年末

## 蝶恋花·寄郭因

隔岸青山涧碧树。一夜江风，吹落萧疏雨。独坐小楼闲不住，渔翁引我沤河去。

六出雪花自起舞。飞上梅梢，化作冰凌柱。带笑问花花不语，飘飘荡荡寻春去。

注：郭因，艺术家，安徽省政协常委。

1991 年 1 月 27 日

## 高阳台·郭因先生谈浮山建设

小巧精灵，年年不老，总是脉脉含情。岩花洞草，满天瑞气熏蒸。四面环围皆是水，任浮槎，万里飞蓬。回眸望，枝头红叶，雨过云停。

名山本是千秋业，羡仁人志士，一片高风。播放心声，可谓价值连城。应怜世界大趋势，迎宾朋，百鸟争鸣。多渠道，竹篱茅舍，长亭短亭。

1991 年 11 月 21 日

## 虞美人·寄郭因先生

春风吹绿河边柳,少女山中走。

仙姿绰约正风流,路遇狂风暴雨不回头。

春风又绿小河岸,老妇人前转。

美容不减少年时,怀抱红花几束爱神驰。

1996 年 1 月 28 日

## 诉衷情·寄郭因先生

悠悠岁月叹空流,一恨几千秋。

人生快若神马,转眼雪盈头。

心未老,志难酬,几多忧?

小诗难产,说也含羞,最怕登楼。

1997 年 1 月 22 日

## 寄贤会、锡英同志

抗日从军志气豪,以身许国不辞劳。

连绵战火炉中炼,持久和平梦里操。

逐鹿中原驱虎豹，屯兵塞北佩金刀。
老来仍是英雄汉，时恋前沿战马骄。

少年吃尽人间苦，一夜花开万里香。
革命营中真女杰，人民眼里好儿郎。
殷勤待客芳心灿，诚实为人美玉藏。
历尽风霜人未老，精神奋发望前方。

注：贤会、锡英夫妇，故乡人。贤会，军队离休干部；锡英，退休干部。

1988 年 3 月 17 日

## 题影寄贤会同志

家住江南天地间，儿孙满目笑开颜。
峥嵘岁月金光闪，华发飘飞月亮山。

1992 年 9 月 5 日

## 寄贤会、锡英同志

带病花山过，英雄感慨多。
当年骑骏马，今日伴嫦娥。

岁月无期限，人生有几何？

冬阳高照好，江上听渔歌。

1995 年 12 月 29 日

## 寄贤会、锡英同志

身处和平新世纪，安宁可以养精神。

馨香小院春长驻，谈笑风生有故人。

1996 年 12 月 29 日

## 远望寄南京大桥泽华、秀容同志

古老金陵展笑容，六朝红雨浴青松。

莫愁湖畔人欢笑，江上长虹气势雄。

注：泽华、秀容夫妇是武汉大桥、南京大桥建设者。

1995 年 12 月 31 日

## 抒怀寄泽华、秀容

细数春秋六十三,无功无过对君谈。

青山踏遍人归去,冷月晶晶入玉潭。

1995 年 12 月 31 日

## 新年寄泽华、秀容同志

画凤描龙笔一枝,红颜未老两情痴。

打开窗户桥头望,两岸垂杨尽是丝。

1996 年 2 月

## 西江月·孙秀容家小宴

昨夜红炉炖肉,今天小宴开樽。欢声笑语满堂春,摄影储存作证。

岁月留痕永在,民间友谊新生。好人总是不忘情,会把鲜花迎送。

1997 年 12 月 28 日

## 寄北京友人四季歌

### 春 江

春江水暖鸭先知,两岸垂杨雨带丝。

山峡风光谁媲美,千帆竞发日迟迟。

### 荷 池

一阵轻风午梦香,小池碧翠水清凉。

云情雨意深深记,并蒂红莲艳八荒。

### 秋 月

唱罢骊歌客梦残,男儿有泪不轻弹。

清幽古月山前挂,万里人归马上看。

### 腊 梅

小院通幽门自开,是谁牵引玉人来。

新词谱就轻声唱,撩动寒天雪后梅。

注:这组诗是寄给《工人日报》一位记者,他来枞阳为一位党外人士,政协常委落实政策出力,我为之感动。

1992 年 12 月 28 日

## 迎春寄梅老

小楼独坐听春雨,手理残丝入梦迟。

眼望故人千里外,锦鸡高唱报明时。

注:梅老,枞阳县人。

1992 年 2 月 6 日

## 仲春寄梅嶙老

绿水盈盈农事好,田家心里涌春潮。

河边小草迎风长,墙外桃花分外娇。

1992 年 3 月 23 日

## 初夏寄梅老

晴和四月听蛙鸣,日照田间翡翠生。

父老乡亲闲不得,归来已是夕阳明。

1992 年 5 月 11 日

## 晚秋寄梅老

萧瑟秋风起，梦魂几度连。
苍茫天地问，今日是何年。

1992 年 10 月 21 日

## 寄怀梅老

栖迟大海上，动荡哪能安。
不少烦心事，又添行路难。
天高皇帝远，人老泪痕干。
好运终将到，聊为一醉欢。

1996 年 6 月 15 日

## 仲夏寄梅嶙老

热浪腾腾连碧空，小楼四面稻粱丰。
心潮澎湃人难寐，仰望江天起晓风。

1996 年 6 月

## 寄梅嶙高先生

步履匆匆又一年,春花秋月任周旋。
心中热浪连天涌,梦里伊人在枕边。

1996 年 7 月

## 寄梅嶙高先生

茫茫一片白,脉脉故园情。
走笔珍珠跳,巡星皓月升。
千斤人得力,万里步行程。
历尽狂飙后,青山夕照明。

1997 年 6 月 2 日

## 中秋寄梅嶙高先生

月白风清亮小楼,金光满地是中秋。
江流滚滚含生意,桂子飘香漫九州。

1997 年 9 月 1 日

## 蜡梅寄梅嶙高先生

小院红梅向日开,西园喜鹊兴飞来。
朔风阵阵严寒伴,瑞雪飘飘好梦回。
蓬岛仙姑舒望眼,农家子弟听春雷。
书生不禁心头醉,拥抱春天第一媒。

1997 年 1 月

## 1993 年春节寄雪岩公

辗转回台总觉难,天生钢骨未生寒。
举家欢庆天伦乐,咫尺天涯隔海看。

远望蓬瀛九十翁,不知心意可从容?
如烟往事如烟过,雨打风吹石上松。

1993 年 1 月 23 日

## 寄雪岩公

摩天蜀道鸟难过,雪漫巉岩奈若何。
老马奔腾新日月,哲人热恋旧山河。

飘飞黄叶秋风劲,踏破红尘泪雨多。

一览沧桑兴未尽,夜阑人静放高歌。

1993 年 2 月

## 新年寄梅嶙老

雪里梅花俏,云中岩石坚。

桥头烟火旺,野老过新年。

1995 年 12 月 21 日

## 奉和张鹤先生《感怀》原玉

揽胜还乡百咏成,几回捧读几回惊。

如椽大笔书青史,举目高峰望太平。

道德文章谁媲美,风流才子自多情。

学生老矣蹉跎过,愿伴先生学半生。

注:张鹤,枞阳县人,台湾省诗人。

1990 年 6 月 2 日

## 奉和张鹤先生70初度翰墨留痕

梦里神童佩玉环,人生弹指一挥间。
大山连海情何激,小草迎风意岂闲。
浊浪排空鱼戏水,惊雷动地鸟开颜。
骚坛墨客江头望,一叶轻舟任往还。

李白行吟共酒卮,清风明月总相宜。
难忘逐浪阳春日,永记留痕白雪时。
天上无云难下雨,人间有戏可为诗。
童心不泯颜如玉,梦笔生花愿已期。

1991年1月14日

## 次张鹤先生《忆江南》韵

春风化雨一天蓝,两岸黄莺惊梦酣。
故国田园铺锦绣,牛郎织女恋江南。

1993年3月26日

## 寄张鹤先生

客里迎春听鸟鸣,小楼举目望清明。
大千世界天然美,万物和谐各有情。

1993 年 2 月

## 奉和张鹤先生癸酉元旦试笔

事事如棋局局新,年年牵动卧云身。
三江碧水千层浪,一树梨花万里春。
身系蓬瀛怜旧雨,情生华夏恋新人。
小窗展读诗文后,景仰高风看北辰。

1993 年 4 月 1 日

## 奉和白翎先生1996,元旦原玉

韶光一闪又逢春,格外多情属老人。
彰化桃源留远客,枞川夜雨洒芳尘。

三支泪烛青天亮,百里垂杨游子亲。
缕缕晚霞光照好,自斟浊酒暖心身。

1996 年 2 月 2 日

## 奉和鹤老乙亥中秋 79 初度原玉

蓬莱浪迹几经秋,去国还乡少自由。
万里海涛人共老,百年江水日添愁。
情怀游子易生梦,时欠东风难发舟。
故里亲朋抬望眼,清波荡漾月当楼。

1996 年 2 月 2 日

## 题诗人张鹤先生近影

鹤发驻童颜,挺身天地间。
行吟沧海上,极目万重山。

1996 年 5 月 19 日

## 张鹤先生回乡庐州赏月

中秋明月合肥圆,光照诗人白发巅。
千载难逢留一席,诞辰过后再飞旋。

1996 年 9 月 2 日

## 宜城团聚(十五月亮十六圆)

宜城开发好为家,老小腾欢织彩霞。
千里归来情缱绻,诗心已不在天涯。

1996 年 9 月 2 日

## 登楼拜访(丙子年八月十八)

一

驱车快步上层楼,不禁心中忆旧游。
一览菱湖荷叶绿,万千思绪大江流。

1996 年 10 月

二

三代家人聚一堂,深情流露笑洋洋。

眼前涌现花如海,胜似公园走一场。

1996 年 10 月 4 日

三

背诵姚王两副联,人民口语好新鲜。

桐城文派非凡响,异口同声慕昔贤。

1996 年 10 月 6 日

## 鹤老手抄《要从天上度中秋》新作

要从天上度中秋,画意诗情心上留。

万里阳光高照好,人间含笑庆丰收。

1996 年 10 月 6 日

## 张鹤家中诗人聚会

只因天上彩云来,激起江花几朵开。

日照龙山飞白鹤,诗情画意共徘徊。

1996 年 11 月 10 日

## 拜房秩五为师

（钱明造访，听张鹤先生一席谈）

一阕西江月，大师美语评。
堂堂座上客，小小张先生。

1996 年 11 月 10 日

## 奉和张鹤先生八十书怀瑶韵

鹤发童颜一老翁，虚怀若谷不称雄。
山间走笔容高士，海上行吟唱大风。
息影林泉凉月伴，献身家国热心同。
清操美德人人敬，坐拥书城岂算穷。

艰难历尽志弥坚，身世沉浮听自然。
天许江山能共老，佛容弟子可参禅。
敲诗不怕千回改，买椟曾经三度还。
喜见澄谭蟾魄影，儿孙绕膝又团圆。

大江东去水悠悠，落叶归根愿待酬。

志士有心扶日月，诗家无意著春秋。

双溪故里人情暖，八皖新居景物幽。

共盼月圆花好夜，河山一统醉金瓯。

1996年11月2日

## 步张鹤先生丁丑仲春宜城留别原玉

重聚宜城约半年，众生闻道乐依然。

有谈有笑杯传席，无虑无忧我羡仙。

白发飘飘昭后代，红霞缕缕织新篇。

长征万里心犹壮，天马行空力着鞭。

1997年3月

## 中秋寄张鹤先生

去年此日迎佳节，天上人间两并欢。

八十放翁飞故里，三千诗友会吟坛。

挂山瑞鹤还巢去,枞水仙姑驻目看。

日夜吟哦无倦意,心田愉悦寓平安。

1997 年 9 月 10 日

## 为张慧中女史作

日丽风和花影明,微风启动小池平。

银河早现婵娟美,沧海长存骨肉情。

举目杏坛薪火旺,留神仁里玉盘晶。

同心策马山前过,可见梧桐听凤鸣。

1990 年 8 月 3 日

## 奉和白翎、慧中先生《还乡留韵》

深沉诗窟在枞阳,代有才人写作忙。

水复山环青鸟醉,莲开鹤立古槐香。

惜阴亭内留陶令,洗墨池旁筑草堂。

兄妹联吟心影美,花间欣赏有何郎。

注:白翎,张鹤别名,慧中是他的胞妹。

1992 年 6 月 15 日

## 奉和疏植楷先生

高朋聚首月沉辉,继往开来孰愿违。
璧合珠联人有趣,山光水影鹤忘机。
春风又绿江南岸,紫燕纷飞太子矶。
小院红梅香海外,人欢马叫彩云归。

注:疏植楷,枞阳县人,台湾省诗人。

1992 年

## 依聂家铸东字韵酬答疏植楷先生

空蒙山色有无中,唯见江南枫树红。
酒醉草堂诗不老,琴弹月下韵无穷。
南来北往留痕雁,暑退凉生入梦虫。
地转天摇循正道,金龙飞舞起高风。

庚午年正月初一

## 次汪洋词丈和疏影先生韵

江流滚滚日流东,逝者如斯感慨同。
老将黄忠神色好,谪仙李白气豪雄。
临风赏月愁云闭,隔岸观潮觅路通。
阅尽春秋人更美,壮心不已力无穷。

1996 年 8 月 29 日

## 读疏植桤先生旅美杂咏

人情物理似相同,难以分成西与东。
期待大同世界日,万花齐放五洲红。

美国人民很可亲,一心务实只求真。
创新步步金光闪,引得先生去问津。

游子新诗雁送来,字斟句酌费神裁。
翻开书页香犹在,醉饮茅台酒一杯。

寄情野趣可忘愁,露宿风餐鸟共俦。
明日挂冠垂钓去,春风做伴水云舟。

1992 年 12 月 13 日

## 奉和疏影先生庚午岁暮感赋

大潮澎湃海风扬,喜见情人思故乡。
岁岁年年愁割裂,朝朝暮暮盼图强。
元庄老屋人丁旺,疏氏雄文日月长。
往事如烟心事了,魔高一丈孰能忘。

1991 年 5 月 3 日

## 怀念疏植桤先生

植桤家居中坂市,不能相见涌悲情。
已知高士仙游去,何处能闻旧雨声。

2010 年 10 月

## 恭呈书法家王恺和先生

山含翡翠浪千重,一代宗师展笑容。
梦笔生花圆旧梦,风烟入画起新风。

神游寰宇云中鹤，誉满人间天上龙。

自古桐乡多俊逸，更添长老一枝红。

注：王恺和，枞阳县人，台湾省书法家。

1989年9月17日

## 怀念王恺和大师

大师离我西天去，望断蓬莱泪雨飞。

何日英魂归故里，青山依旧白云围。

1996年2月2日

## 怀念书法家王恺和先生

一见何期永别离，高飞远走我生疑。

蓬瀛不见家乡见，有影天天伴我移。

1996年2月14日

## 春日感怀寄辅英先生

我在枞川垂钓久,无边春色绕身旁。
阳光普照桃花艳,丝雨缠绵柳絮长。
一代才男成老朽,四方靓女爱新郎。
大江热浪奔流去,万里高风小院香。

注:张辅英,枞阳县人,诗人。

1992 年 4 月 5 日

## 次韵奉和张辅英先生

越海翻山行路难,风吹雨打粉香残。
天桥鹊架银河灿,海陆舟连泪水干。
可爱和风丽日暖,望穿秋水白云寒。
披星戴月朝前进,柳暗花明仔细看。

1992 年

## 寄张辅英先生

跋山涉水未辞辛,一路风光眼见真。
故里相逢谈笑日,心潮涌动满堂春。

1992 年

## 寄英师读四次还乡杂咏

爱我江山景色幽,风云际会不曾休。
此行应是平生乐,满目秋光任去留。

钱塘江上好观潮,心与潮头试比高。
潮去海天千万里,潮来身若入云霄。

松园依旧一年年,人事茫茫几变迁。
一曲心音怀故里,高风留在白云边。

师友重逢岂偶然,大观楼上醉芳筵。
此情不必穷追忆,隔海相望共一天。

注:松园是故居,大观楼是新居。

1997 年 3 月 29 日

## 中秋寄英师

日夜大观江水流,时间转瞬又中秋。
人生旅梦人前过,天上行云天际留。
媚态婵娟情滴滴,飘香桂子意幽幽。
金风送爽含灵气,月白风清光满楼。

1997 年 9 月 10 日

## 恭和张辅英先生《观海有感》

万里音书人好评,恋家恋国怨飘萍。
葱茏古木更新绿,钢铁长城守卫兵。
冬去春来风日暖,波平浪静玉钩生。
枞川亲友常怀念,堪慰天涯游子情。

庚午年二月

## 新年寄英师

梅开五福报春来,竹报平安映日开。
千里音书留绮梦,百年经典上瑶台。

悟空有术攀云海，弟子无功履碧埃。

景仰先生高厚谊，大江东去几时回？

1995 年 12 月 22 日

## 重九寄台湾友瑜先生、凤兰女士

时逢九九又金秋，黄蝶纷飞忆旧游。

志趣相投缘分好，晴空爱把白云留。

桑田沧海随其愿，流水高山总不愁。

展望蓬莱何所有，迎来倩影大江头。

注：刘友瑜，潜山县人，教师；黄凤兰，教师。

1997 年 9 月 26 日

## 寄刘友瑜先生、黄凤兰女士

小船能载几多情？皓月临头惊不惊？

隔岸渔人可安枕？应知此刻已三更！

## 约刘友瑜先生回故乡过春节

山山水水梦中奇,好景留人孰愿离。
万里春风归故里,开门放爆看晨曦。

1991 年 9 月 9 日

## 寄刘友瑜先生、黄凤兰女士

高山流水共流年,过眼云烟难了缘。
野外溪边花灿灿,约君同步过前川。

1993 年 4 月 13 日

## 访刘友瑜先生家

祖宗牌位列高堂,祭拜先人烧纸香。
心里难忘悲痛事,有时想起泪汪汪。

2010 年 10 月

## 寄友瑜先生、凤兰女士

### 圣诞快乐
圣诞灵光照八方,千家万户喜开颜。
人生一世多行善,主在天堂带笑看。

### 祝你平安
历经战火保平安,大难排除已过关。
步入高龄行列里,爱怜小鸟倦飞还。

2012 年 12 月 8 日

## 圣诞节寄友瑜先生、凤兰女士

艰难走尽享人生,幸福余年不再惊。
感谢上苍多保护,人民仰望是和平。

人民喜庆抱真情,岁月如歌感慨生。
一息尚存心有得,年年爱看满天星。

2013 年 12 月 11 日

## 寄钱伯智先生

久居台海自多情,饱览春秋事业成。
宝玉通灵三岛合,桂兰俊秀八方惊。
折腰荣总生灵气,酒醉琼楼宴老兵。
七彩人生光闪亮,梦中犹听马蹄声。

1992 年 12 月 26 日

## 新年寄钱伯智先生

家里有园丁,辛勤育后生。
精英怀壮志,万里踏歌行。

1994 年圣诞节

## 新年寄钱伯智先生

行船跑马乾坤大,战火纷飞百炼身。
日夜辛勤留梦幻,桃花源里看渔人。

1995 年春节

## 寄钱伯智先生、刘友瑜先生

同代亲朋去世多,悲欢离合泪中过。
音容笑貌寻常现,爱在教堂唱圣歌。

公寓居留有十年,穿街走巷在人前。
何时可把天堂上,愿与先贤再结缘。

2014 年 12 月 8 日

## 圣诞节寄伯智先生、桂珠女士

新年快到又迎春,万物复苏伴老人。
感谢上苍施雨露,阖家欢乐庆良辰。

信心满满向前行,春色融融入眼中。
何日功成天国去,旅人仰望碧云通。

2015 年 12 月 8 日

## 圣诞节寄伯智先生、桂珠女士

人生福气得高龄，竞走世间步不停。
营养均衡为上计，满怀愉快保安宁。
用心可获新成果，放眼能看老寿星。
风雨飘零时代过，馨香温暖在家庭。

2016 年 12 月 5 日

## 1992 年岁暮感怀

文风自古仰桐城，泛棹回归月旦评。
秀水明山含画意，佳肴美酒动诗情。
长江渔子笙歌涌，蓬岛仙姑午梦惊。
人事沉浮谈不尽，刘郎聊可慰生平。

1995 年 12 月 3 日

## 寄刘之峻先生

宇宙风光日日看,齐天大圣入云端。

经常饱食开心果,回到花山不做官。

注:刘之峻,安庆市人。

1995 年

## 寄侯书麟先生

西去东回一影随,同舟共济月中移。

山花海燕游人伴,红日升天到武夷。

1995 年

## 寄陈正平先生

人民永远记心间,岁月如流莫等闲。

远走高飞新世纪,春风已过玉门关。

注:陈正平,枞阳县人,曾在台北市政府工作。

1993 年

## 寄陈皖声先生

清静无声胜有声,梦中把盏皖江滨。

华堂陈设金光闪,笑语欢声总不停。

注:陈皖声,枞阳县人,曾在台湾工作。

1993 年

## 寄王维先生

一望山城忆旧游,大江东去几经秋。

渔舟唱晚炊烟起,满载斜阳上小楼。

注:王维,枞阳县人,医师,台湾荣总医院分院院长。

1992 年

## 寄王锡五先生

心中常想老顽童,东走西奔一阵风。

壮丽人生天色好,地球长转日升东。

辛苦备尝一老人，穿梭两岸白云耕。

山河踏遍身犹健，满面春风济世情。

注：王锡五，枞阳县人，曾在台湾创办过旅游公司。

1993 年

## 寄王锡五先生

先生朋友遍天下，仗义疏财气象雄。

万里春风花事好，金光闪烁太阳红。

1993 年 2 月 19 日

## 白云岩重九寄吴秉弘先生

健身飞向白云岩，耳听松涛步石阶。

绿竹清流泉滴滴，黄花满路鸟喈喈。

牧童山下寻仙女，仙女洞中做绣鞋。

古寺老僧何处去，天涯海角有安排。

注：吴秉弘，枞阳县人。

1992 年 10 月 4 日

## 寄周铁夫先生

九转柔肠铁打身,深情关注未来人。
洞明局势如观火,沧海桑田几变新。

1992 年 12 月 21 日冬至

## 书赠俊西同志

为找俊西谈一谈,众人指点暖心房。
小楼依旧放光彩,这是安居好地方。

夫人述说曾生病,抓紧治疗稳担当。
永记健康为第一,精心护理保平安。

注:20 世纪 60 年代末,我因病在上海住院得到上海警备区胡天锡参谋长和几位海军战士热情关顾,记忆犹新,心里难忘,当时我是白云区委书记,俊西的家就在这里。

2017 年 5 月 7 日

## 再赠俊西

俊西有所作为郎,怀抱丹心工作狂。
联络军营留倩影,惊涛骇浪望前方。

尊重地方父母官,热情关顾似穿梭。
当年脑内存金影,今日心中感激多。

注:丁俊西从通信兵到远洋轮政委。

2017年5月10日

## 西江月·书赠超歌新书发布会暨与会诸君子

十月金秋聚会,寄情游子超歌。华堂文友爱心多,像是春风送暖。

有幸奉陪末座,光华辉映心窝,迎来月夜看嫦娥,把酒抒怀唱和。

注:超歌,广东人,热爱文学,很有成就。

2017年

## 西江月·超歌新书读后

一本新书问世，书名《三朵茶花》，馨香传播到天涯，我已超前玩赏。

流出较多汗水，结成亮丽奇葩，一轮秋月伴秋霜，光照超歌好样。

2012 年 10 月 31 日

## 难忘李宇

诗社运行年复年，欣看李宇在人前。

精神饱满诗高产，怀抱丹心结善缘。

注：李宇，湖南人，医学博士，业余时间喜欢写诗，任波士顿《美食诗社》会长。

2012 年 11 月

## 祝贺李宇上海交大任教

打马回城意志坚，艳阳高照海东边。

人间多少新鲜事，步步为营勇向前。

2012 年 12 月 5 日

## 寄王娜

白衣天使叫王娜，她是潞河一朵花。
技艺功能经百炼，朝朝暮暮泛光霞。

王娜有约写诗篇，流水时光越两年。
远在天涯游子意，祝她一路碧云天。

注：2008年回北京看奥运，因病住协和医院与王娜结识。

2008年

## 书赠章麟玲老师

君慧老同学，霜花人更馨。
春风吹万里，拾得是余情。

注：章麟玲，枞阳县人，小学校长。

2015年秋

## 君慧老同学余国成夫妇在五角场大酒店宴请

有缘上海来相会,热闹非凡眼满春。
儿子铜陵当老板,女儿复旦教书人。

山珍海味宴嘉宾,天上云飞地有神。
兴会名城大上海,飞鸿感谢好芳邻。

2014 年

## 题王习之、董永聪贤伉俪四十年代南京结婚玉照

人生难得一知己,相护相扶在一起。
风雨兼程海上漂,太阳高照心欢喜。
朋友热忱帮解困,门庭兴旺生紫气。
如今九十早出头,没拿拐杖没坐椅。
眼望儿孙一大群,学成业就都如意。
踪迹多多不再题,一枝一叶光霞里。

2014 年

## 题王先生王太太孙女结婚大家庭合影

这张合影在农庄,满目光辉喜气扬。
古木葱茏豪气壮,高天广阔白云蓝。
前排二老同安坐,后面儿孙齐捧场。
聚会全家多快乐,人生劲旅水流长。

2014 年 3 月 4 日

## 书赠公寓超九十老人淑贞

当年心喜叩三关,绿水青山伴往还。
老至安居公寓内,神清体健好容颜。

2013 年 7 月 10 日

## 减字木兰花·赠淑贞女史

黄金季节,公寓安居人喜悦。往事难忘,光彩儿孙心里香。

人生如梦，一晃百年能走动。广结情缘，谈笑风生坐桌前。

2013 年 7 月 23 日

## 诉衷情·赠淑贞老

当年服务在神州，奔马未曾休。精华岁月过去，转眼正逢秋。

儿女好，展鸿猷，步开头。爷娘跟进，心内悠悠，落脚麻州。

2013 年 7 月 27 日

## 访安国先生

一生奋斗想成功，著述纷呈见寸衷。

垂老含辛茹苦斗，人间天上老飞龙。

注：王安国，枞阳人，诗人，视力不好，需要老伴牵手陪行，但仍在继续创作。

2012 年 10 月

### 感谢邻居小章

小章人意好,为我送邮书。
景仰高风采,花香似觉殊。

2012 年 10 月

### 送书吴石华先生

卧床不起极艰难,需要专人来值班。
此刻赠书亲手接,凝神望我强开颜。

2014 年 7 月 14 日

### 送书朱贤良同学

满面笑容眼有神,贤良不像八旬人。
安排最近北京去,起搏器老要换新。

注:起搏器即心律起搏器。

2014 年 12 月 4 日

## 送书王球先生

英姿飒爽老顽童,体育场中展现身。

满腹经纶见诗集,门球拼打显精神。

注:王球先生时年八十九岁。

2014年7月14日

## 送书张润先生家

张润先生已离世,夫人含泪说心情。

满堂书法金光闪,景仰先生事业成。

注:张润,安庆市著名书法家之一。

2014年7月14日

## 送书钱明先生家人

住地钱君找不成,耳闻离世已难寻。

家人待我情真好,惠赠藏书暖我心。

2014年7月14日

## 送书江静文先生

此刻家中打小牌,满堂笑语乐开怀。
换人陪我成双坐,喜见先生神气来。

注:江静文,怀宁县人,安庆诗词学会主编。

2014 年 7 月 14 日

## 李母乔迁,雪芳带晨练朋友登门贺喜

李母今年八十九,精神愉快天天有。
儿孙满目好亮丽,岁月如歌香醇酒。
床头报纸一张张,万国风云老眼看。
墙上几上有照片,像是亲人面对面。
有感旧房换新房,无比欢欣开笑颜。
每日练功好朋友,今天贺喜新房走。
一同分享吃早餐,满堂话语来心上。
及时拍了几张相,留作纪念人共赏。
什么时候再光临,隆重庆祝百龄人。

2013 年 5 月 4 日

## 怀念陈湖区食堂炊事员东舟老

每日三餐为众筹,常常想起老东舟。

枫沙湖里鱼鲜美,扑鼻清香口水流。

注:20世纪50年代,每天食堂午餐有新鲜小鲫鱼供应,一盘五分钱。

2016年12月

## 怀念陈湖区秘书王建邦先生

秘书工作最繁忙,大小事情一把抓。

无怨无尤全做好,著书立说在夜间。

注:20世纪50年代,听说他写过农业合作化小说。

2016年12月

## 怀念周恩培书记

穿村走户话家常,雷厉风行气宇昂。

播种兴修心有谱,一天到晚未曾闲。

注:20世纪50年代还没有周末假日,每天工作。

2016年12月

## 怀念张满康书记

温文尔雅爱田家,细腻构思好主张。

为了人民大团结,排除故障始心安。

注:徐岗白石两大队因水利纠纷,双方群众要打架,经县区乡共同努力未爆发。

2016 年 12 月

## 怀念唐志澄书记

心中有数步华堂,眼望前程影不斜。

智慧花开春正好,精心运作日升华。

注:以上三位都担任过人民公社副书记,后来他们都是区长、区委书记,品格高尚,经验丰富。

2016 年 12 月

## 怀念钱侃夫先生

为人处世好忠诚,深感先生道义人。

仆仆风尘为尽职,精心运作力求真。

2016 年 12 月

## 怀念陶能为先生

全盘计划总能为,团结同人局面开。
振奋精神开大步,青山绿水壮情怀。

注:以上二位是县商业局、税务局副局长。

2016年12月

## 怀念县委宣传部何宏波先生

满腹诗书气自雄,心高意远向前奔。
引经据典寻风雅,语路开通天际闻。

2016年12月

## 怀念枞阳小学王笑愚校长

教育专家应有他,精心治校策良方。
花开果结繁荣现,爱护园丁理应当。

2016年12月

## 怀念县委办公室陆支信先生

坚持原则陆马列,货真价实人中杰。
可怜深夜加班多,酿成胃病把刀切。

秀才家里很清贫,生活安排要费神。
营养需求难获得,如何保障百年身!

注:陆马列,是一些同志对他的昵称。

2016 年 12 月

红尘集

这一集我写了在国内和海外曾经到过的一些地方，如北京的故宫、天安门城楼、人民大会堂、毛主席纪念堂、颐和园、香山、长城；山西的昔阳县大寨村；陕西的兵马俑、大雁塔、武则天的无字碑、华山等。海外也到过一些地方，如法国巴黎，英国伦敦，美国加州、德州等。很遗憾，那时我还不会写诗，因此没有留下作品。不论国内还是海外，所到之处我都感到风光无限美好。我能到这些地方一饱眼福，留下足迹，非常幸运。在海外我到过的地方，都能看到中国人，有的已定居海外、有的在学习知识、有的旅游观光，由此我感到中国人很有本领，无论在何处，都能用智慧和力量生存发展，真是了不起，同时为自己是中国人感到自豪！

在这一集里，有歌颂中国伟人的诗，他们创造了新中国并致力把贫穷落后的中国改造成繁荣富强的中国，且为此而毕生奋斗！目睹这些，想到自己如今年纪大了，像那西边的太阳快要落山了，看破红尘人不恼，好好看看美好的世界。我把唐代诗人刘禹锡的两诗句抄在下面："沉舟侧畔千帆过，病树前头万木春。"赠予我同时代的诗友们、同事们共勉！

## 纪念孔子诞辰 2250 周年

创立儒家一圣人,至今仍可去追寻。
孔林厚土枝繁茂,孔府和风气象新。
孔庙香烟飘两岸,孔家弟子共长春。
周游列国殉其道,谁解当年历苦辛。

1999 年 10 月

## 诉衷情·包公

　　天生淝水涌青流,驾一叶轻舟。五湖四海瞭望,到处子民愁。

　　扶大宋,振朝纲,展鸿猷。一生忘我,法执开封,志立庐州。

1996 年 3 月 21 日

## 雨霖铃·纪念谭嗣同殉难100周年

　　神州呜咽，子民涂炭，国土碎割。康梁举起义旗，维新变法，堪称人杰。赤子嗣同，冒雨顶风步前列。为改革，掏尽红心，怒目横刀对天阙。

　　人民渴望翻新页，振中华，志士坚如铁。斩波劈浪前进，瞄准靶，把皇朝灭。丽日高悬，祖国江山到处生热。烈烈烈，壮语惊人，碧碧苌弘血。

1996年1月12日

## 人民领袖毛泽东

### 井冈山

四面围攻雾满天，临危不惧战犹酣。
黄洋界上炮声响，万众同心把敌歼。

1998年3月

### 长征路上

长征万里为图存，前截后追有敌军。
遵义举贤承重任，一轮红日照乾坤。

1998年3月

### 延安灯塔

延安灯塔放光明，窑洞指挥百万兵。

敌忾同仇歼日寇，沙场儿女血中生。

1998 年 3 月

### 新中国诞生

八方名彦会京城，祝酒千杯岁月更。

从此人民齐站立，天安门上挂红灯。

1998 年 3 月

### 高山景仰

景仰高山方寸中，毛公永远是英雄。

五百年间能有几，人民举目望长空。

1998 年 3 月

## 诉衷情·怀念总理

当年跨海赴西欧，面壁有追求。熊熊火炬高举，黎庶挂心头。

藏虎穴，卧龙湫，好风流。大山推倒，立足神州，放眼全球。

1998 年 3 月 7 日

## 怀念周总理

一生心血为中华，胆识超人举世夸。
大好江山留胜迹，万家注目海棠花。

1998 年 3 月

## 怀念总理

海纳百川大，山经风雨坚。
哲人双目亮，志士一身先。
虎穴英雄入，魔王豪杰牵。
中华好总理，心里可撑船。

1997 年 10 月 22 日

## 纪念周总理诞辰 100 周年

开国元勋何处寻,炎黄儿女泪纷纷。
惊涛骇浪留金影,暴雨狂风建铁军。
举目迎来新世纪,开心送去旧乾坤。
毕生奋斗为中国,心内全装是子民。

1998 年 2 月

## 世纪伟人邓小平

### 一、少小离家
少小离家天际游,烟波浩渺目中收。
惊涛骇浪连云起,俏立潮头水满头。

### 二、江西小道
小径开通好步行,人民质朴更多情。
翻开史页思前后,孕育中华万里程。

### 三、改革开放
敢字当头无比伦,砸开枷锁看乾坤。
精神解放神飞跃,古老长城迎客人。

1997 年 3 月 6 日

## 看电视邓小平骨灰撒向大海

丽日晴空挂彩虹，无边大海浪花浓。
伟人虽没神犹在，起舞高天万里风。

1997 年 3 月 14 日

## 偶　城

日月循环有几多，波沉涛起又如何。
丰衣足食和平日，谁念双枪老太婆。

1989 年 8 月 12 日

## 寄　语

科技翻新永不停，追求知识可安神。
书山有路朝前进，海角天涯好问津。

1989 年 8 月 12 日

## 钱学森先生获得"小罗克韦尔奖章"有感

我是堂堂中国人，自知玉魄为谁生。
长风破浪争先进，快马加鞭保太平。
众志成城天地动，高天揽月鬼神惊。
功兴华夏全球愿，耳听雄狮怒吼声。

漂洋过海贯中西，探宝寻珠路不迷。
学子有心攀月桂，神农出力架天梯。
花溪兴得源头水，科苑曾无国界碑。
爱我炎黄心境美，拿来争做弄潮儿。

1989 年 8 月 12 日

## 台湾书法家谢培安仙逝，诗以祭之

秋兴龙吟天柱山，少陵野老喜开颜。
无缘赏识春风面，何日先生去复还。

注：谢培安，安徽潜山县人，曾返里。

1997 年 5 月 30 日

## 悼安庆市郊区原政协主席方应真

前天一桌同欢饮,岂料昨天别大千。
怕到灵堂遗像见,好留心影在胸间。

1997 年 12 月 9 日

## 怀念钱明先生

明是故乡人,非常同我亲。
他家多次到,谈笑影传神。

2014 年 12 月 4 日

## 书赠毛姑

大难临头心不惊,几多风雨几多情?
人生在世多磨难,百炼千锤试小兵!

注:毛姑,身患重病的邻居小女儿。

1992 年 6 月 5 日安庆

## 一剪梅·读台湾张慧中女史《绝笔词》

什么医官与判官,生不攸关,死不攸关。解除病痛亦无方,何处心安?何处身安?

人生在世很平常,不要穷忙,不必穷忙。迎来送往立华堂,好梦全忘,噩梦全忘!

1996 年 4 月 27 日

## 读王自武《慈母集》

一片孝心感动人,江南江北结芳邻。

男男女女清怀吐,月照楼台玉影真。

注:《慈母集》一书是王自武编著。

1996 年 11 月 17 日

## 西江月·《少女》寄伟成先生

曾在江南插柳,又来江北闻莺。春花开放一川明,步入桃源仙境。

好水好山共玩,少男少女同行。朝逢阴雨晚逢晴,面向斜阳留影。

注:何伟成,枞阳县人,中学老师。

丙子年腊月

## 受张疏委托送辽西痴女上车归里

天欲留人人不知,前前后后雨牵丝。
心中可有烦和恼,未听言来只是痴。

1996 年 11 月 19 日

## 鹧鸪天·彩云

满面愁容泪几行,直抒胸臆道家常。
劝君抛却陈年怨,对镜描眉理素妆。
天淡淡,地茫茫,红尘以外觅群芳。
江南塞北神仙会,共话山高与水长。

1997 年 3 月 6 日

## 少年游·姜尧章寓居合肥又远别

赤兰桥外,丝丝嫩柳,起舞碧云间。手抱琵琶,妙龄姊妹,秀目见心田。

姜郎别,乘凤飞去,落泪古城边。千里香浓,深沉思念,何日续前缘?

注:此诗据宋代民间历史故事而作。

1997年3月22日


## 偶成寄钱千先生

初出茅庐引兴长,满园桃李斗芬芳。

游鱼戏水深呼吸,飞鸟乘风越海洋。

注:钱千,枞阳县人,诗人,在合肥工作。

1997年3月


## 西江月·吴卫凤

(灯下第一次填词)

既是民间小女,亦为巾帼英雄。

体坛多次立丰功,似觉如痴如梦。

亚运空前伟业,体坛屡报芳名。

风餐露宿乐融融,为国为民上阵。

注:吴卫凤,枞阳人,运动员。

1990年10月19日

## 黑 马

一阵旋风动碧空,山河集美气如虹。

蹄声嘚嘚人前过,万里飞奔大道中。

1997年1月8日

## 游莫愁湖

清风明月两相扶,碧水红霞有若无。

一片画舫轻荡漾,流连忘返莫愁湖。

1997年5月

## 雨中留影

大会同心事已成,雨中留影见精神。
名伶做伴身添美,高士为邻心向真。
眼看江流波浪起,耳闻湖畔笑声频。
英雄巾帼神奇计,头顶浓荫织一春。

注:1988 年 5 月 21 日下午,枞阳县政协常委在县电影院前摄影留念,即兴而作。

1998 年 5 月 21 日

## 庆祝"六一"小主人

整齐队伍自安排,他赶你追开笑怀。
美丽校园人媲美,泱泱大国栋梁才。

1991 年 5 月 31 日

## 庆祝第六个教师节

苗苗美丽晓风香,花圃花师情谊长。
心血之光光普照,笑看硕果满城乡。

1990 年 9 月 8 日

## 守望庆祝教师节

杏坛历历几千秋,花雨纷纷总不休。
学子匆匆如过客,舟人渡口目中留。

1990 年 9 月

## 看电视剧一家三代教师亮相

师生三代亮荧屏,同为中华育后人。
抚育幼苗成大树,江山如画万年春。

1990 年 9 月

## 桐中 90 周年校庆

半山阁上起摇篮,后乐亭前万木参。
流水淙淙城郭绕,书声琅琅岭云函。
昔年经历黄连苦,今日重阳紫菊甘。
代有人豪创伟业,龙眠岚气接天蓝。

注:桐中创建于 1902 年重阳节。

1992 年 10 月 4 日

## 读枞阳诗词二十二集

集里诗词精品多,后生可畏动心河。
枞川流水生光彩,展现前波接后波。

       2013 年 2 月 15 日

## 访枞阳诗社王国祥先生

先生赠我好多书,诗社年来业绩殊。
国学弘扬光远播,开来继往日迟迟。
注:王国祥先生时年八十二岁,枞阳诗社副会长,秘书长。

       2012 年秋

## 正月初二枞阳18家郊外即景

晓雾茫茫杨柳津,家家户户乐天伦。
山边小草开新绿,湖上大姑未定婚。
古木枝头凝雨露,新人肩上担青春。
风流老汉层楼上,接待嘉宾百味陈。

       1990 年 1 月 28 日

## 县城建筑新貌

县城扩大可增容,到拐到边住满人。
故地变迁难找到,高楼耸立似迎宾。

2014 年 10 月

## 考察将军乡印象

一别将军过十年,人文景物应时迁。
松涛起舞迎青鸟,竹海欢腾送绿泉。
大闹铜山创大业,新成华夏写新篇。
云中主客心宁静,万朵明珠落九天。

注:1991 年安庆市政协考察组到将军乡考察铜矿,这里原是铜陵井边铜矿,现为民办矿场。

1991 年 1 月 26 日

## 丙子年防汛抗洪篇

千里江淮雨水多,惊雷闪电动山河。
山洪暴发冲天起,万顷良田泛白波。

军威依旧像当年,痛打龙王意志坚。
日夜辛勤齐奋斗,一心一意保家园。

亲临前线不辞辛,形势明了主意真。
泥水一身何足道,舍生忘死为人民。

民安国泰农为本,财贸振兴美市容。
万户千门同喝彩,云开雨霁日升东。

1996 年 7 月 6 日

## 喝 彩

(郑州市政府聘请王昌发等九位老人为"参政议政员")

说不在岗还在岗,穿街走巷路流芳。
听来多少知心话,化作枝头金凤凰。

人民政府为人民,愿向人民去问津。
好雨催开花万朵,向阳古木正逢春。

注:看《新华每日电讯》新闻作。

1996 年 7 月 14 日

## 西江月·参观安庆石化腈纶厂

三千万人得福，两亿元钱投资。丰功伟业几人知，史迹堪传后世。

少见红男绿女，饱看流水飞丝。闻风仙女赶来迟，早已流通入市。

1996年4月18日

## 出席安阳织造制衣厂典礼赠董事长

南海观音渡海来，吕蒙城里设莲台。

重阳佳节金花艳，江上歌声动九垓。

注：安阳织造厂是外资企业，设在下枞阳，下枞阳亦名吕蒙。

1992年10月8日

## 西江月·出席县百贺公司开业典礼

白鹤腾空飞舞，众人立地观看。财源茂盛达三江，万朵金花开放。

货架琳琅充实，市场潇洒端庄。霓裳一曲口流香，谁在人中摆相？

1992 年 10 月 28 日

## 桥梁县消费者协会

巍然屹立大江中，玉柱银礅日照红。
两岸青山相对望，马龙车水变长虹。

1990 年 11 月 29 日

## 赞县消协理事会即兴

漫天大雪一时狂，满地冰花夜发光。
万户千门炉火旺，人民心里暖洋洋。

1991 年 12 月

## 庆祝安徽省消协成立五周年

一心一意为人民,磊落情怀美善真。

万众欢腾桥架起,桃源有路不迷津。

1991 年 12 月 28 日

## 献给财政税收物价先进工作者

万家渴望有财神,大海捞针不顾身。

小鸟乘风双翼展,红梅爱雪雪迎春。

1991 年 12 月 30 日

## 满江红·学习中央〔1992〕2 号文件

举目神州,风雷动,漫天瑞雪。花烂漫,阳光普照,无边明月。万里行军人未歇,千年古木枝生叶。上天山,风雨两相逢,同心结。

金猴闹,黄莺醉,冰河碎,阴山热。望长城内外,关山飞越。一代英才眉目展,万方俊杰心头悦。喜哲人,更上一层楼,歌声绝。

注:小平南巡。

1992 年 3 月 5 日

## 浪淘沙·小脚女人

长夜泪涟涟,三寸金莲,艰难走步两千年。专制推翻迎解放,男女平权。

创业史无前,快马扬鞭,风尘仆仆到天边。雨润花开春意好,鱼跃莺穿。

1992 年 3 月 12 日

## 出席枞阳县委 庆祝共产党成立 70 周年

血水成河汇百川,换来赤县艳阳天。
披荆斩棘开新路,迎面千峰万壑连。

1991 年 6 月 29 日

## 满江红·警醒

古老枞川,山宁静,朦朦月色。鸟熟睡,鱼安泽国,卧龙枕席。耳听钟声人警醒,眼观云外鸿飞疾。大江边,北斗伴渔郎,迎风立。

情生爱,心喷血,大地主,高天客。美人何所惧,一身清白。卧薪尝胆宏图业,励精图治纵横策。日放红,绿水绕青山,吹玉笛。

1992年1月23日

## 总理不准乱收费有感

从前听说费如毛,多少人家无处逃。
民怨沸腾今又起,一峰更比一峰高。

人民政府为人民,不许扰民肥自身。
总理有心除弊事,江山永葆万年春。

注:新华社北京3月19日电:朱镕基总理答记者问,他说目前费大于税……不准巧立名目收费。

1998年3月20日

## 一九九〇年国庆放歌

天高云淡雁南游,黄蝶纷飞耀九秋。
闹市琳琅人济济,画楼歌舞韵悠悠。
京城屡报题金榜,百姓欢呼望斗牛。
爱我中华归一统,年年酒醉大江头。

1990 年 10 月 1 日

## 水调歌头·市党代会观看《闪电行动》电影

光荣留给我,豪气正当年,爱我河山壮丽,以血荐轩辕。武艺高强无敌,挺立南天一柱,出没水云间。人在红岩上,举目看云烟。

红日暖,朔风劲,皎月圆。美人台上起舞,曲曲韵儿鲜。欣值红梅开绽,又见江花怒放,人马过前川。宜城风物茂,古塔耸云天。

1990 年 10 月 10 日

## 庆祝国庆40周年

开天辟地立昆仑，风卷残云大气清。
日照东墙人共暖，雨飞西崦马长鸣。
江南柳暗秧歌舞，塞北花明美态生。
吐气扬眉新世纪，鱼欢雀跃浪花平。

欢天喜地启航程，万里之行日月争。
志士常怀飞虎力，英才久慕蛰龙腾。
路多曲折催人进，船有浮沉过浪平。
为向蓬莱寻宝去，延安灯火放光明。

1989年9月22日

## 远 航

轻舟万里远航行，满路阳光满路灯。
大海无边终有岸，高山有语竟无声。
云天变幻人难测，肝胆相倾月正明。
莫怕狂风兴巨浪，波峰热爱老船民。

1988年7月1日

## 池 荷

热风吹雨洒江城,迎面池荷气象荣。
叶托蓝天生碧彩,花开绿水看明星。
香风有意飞天外,美态无心逐令名。
玉立亭亭开笑脸,清光引起万家评。

1990 年 10 月

## 祝贺县优抚先代会

英雄热血洒沙场,建设家乡人更忙。
今日红花胸上挂,心神犹恋保边疆。

1990 年 10 月 10 日

## 一落索·香港回归

　　做了百年沉梦,山寒海冷。忽然有位哲人来,轻轻唤,我才醒。

快把凤冠重整，母亲容禀。四方宾客庆良辰，琼楼上，花留影。

1996 年 12 月

## 香港回归

一

山欢水笑画图开，悦耳歌声逐浪来。
万户千门齐挂彩，大龙怀抱小龙回。

二

百年沉璧终捞起，光照中华紫气扬。
月满香江腾细浪，云帆万里更辉煌。

1996 年 12 月 18 日

## 香港百年

世事沧桑史记年，中华奇耻在心田。
丧权辱国谁遗憾，屈膝卑躬自认贤。

不把人民留正位，只因皇上在高巅。

英雄奋斗知多少，才有香江月影圆。

1996 年 7 月 22 日

## 奥运百年

奥运花开一百年，红红火火万家怜。

香风飘逸云天外，清气斜飞山海边。

不少俊郎情切切，几多美女梦连连。

仙翁挂起和平杖，好结人间未了缘。

1996 年 7 月 29 日

## 浣溪沙·出席安庆迎江区委统战部座谈会

母女分离一百年，朝思暮想泪如泉，时时刻刻盼团圆。

九七回归光景好，神州大地舞翩跹，香江水映艳阳天。

1996 年 10 月 10 日

## 观龙眠画展

老骥伏枥思前进，久恋丹青铁砚磨。
山水怡人人物活，林间小鸟放高歌。

1996 年 12 月 31 日

## 参观安庆女职工"美在我家"书画展

初在人前试笔锋，堂堂巾帼亦英雄。
文房四宝凝神气，万里江山展笑容。

1996 年 12 月 31 日

谁说女人少问津，且看今日画坛新。
饱看慧莉千钧力，字里行间满目春。
注：茆慧莉，安庆造纸厂职工，写一手好字。

1998 年 3 月 16 日

# 一九九六年中秋诗二首

### 江上趸船赏月

细看月里桂花树，绿叶青光两益彰。
似有歹徒根上砍，依然俏立在天堂。

### 听白头人感叹

年怕中秋月怕半，车轮滚滚水悠悠。
新陈代谢循天道，何必焦心叹白头。

1996 年 9 月 28 日

# 枞阳周家潭乘车过铜陵大桥

横渡长江不等航，大桥江北接江南。
临窗一望江中过，归去来兮人半酣。

# 西江月·铜陵长江大桥

赢得皖江第一，带来两岸风流。隔江渡水不眉愁，面向燕山祝酒。

开放新花一朵，建成大业千秋。五湖四海结同游，好插江南烟柳。

1996年5月

## 宿上海中亚饭店

只住最低档，高攀双十层。
房钱八八八，心里怎能平。

注：一夜888元，太贵，不安。

1996年5月29日

## 再赠枞阳县黄埔小组

黄埔同学会浦城，春夏秋冬又一轮。
白发虽添人硬朗，暮年不在步红尘。
太行战马驱戎虏，海峡扬波润骨亲。
鱼水相依秋月伴，今天还是小阳春。

1988年11月29日

## 水调歌头·为六盘山建市 20 周年作

已见六枝展,又报水城先。满盘玉石添彩,有客共流连。大矣黔西煤海,壮矣金光玉米,旖旎好家园。到处人情暖,好景史空前。

鸟儿唱,草儿舞,碧云天。翻开历史新页,怎不醉心田?学习先贤思想,跟上众人脚步,再写好诗篇。红日当头照,万里驾飞船。

1998 年 3 月 20 日

## 游碧云洞

洞里深沉飘碧云,老夫耳目一番新。
南来客子增神趣,西去佳人拾爱心。
虎豹龙蛇能共处,陇岗阡陌永留存。
桃源天地无尘染,走笔题诗去问津。

1998 年 3 月 21 日

## 献给屈玉荣女士

不愧农家屈玉荣,投资百万保文明。

残垣断壁终修复,佛地重光香客迎。

注:屈玉荣,河南省小企业家。

1998 年 3 月

## 庆千秋·永泰寺

阅历千年,有尼僧祖寺,永在山前。香烟缕缕,常伴野外花鲜。三公主永葆青春,神态依然。举目望张张贝叶,潺潺流水年年。

静看子晋峰下,那玉荣身影默默流连。为何心系永泰,都是前缘。登临意,万古千秋,飞落心田。正值晴光普照,好风到了人间。

1998 年 3 月 28 日

## 元宵晚会（在枞阳电影院观看）

轻歌曼舞宝琴弹，观众凝神会玉坛。
时代潮流冲浊水，人民伟力挽狂澜。
敖包相会双双美，梁祝联姻阵阵欢。
铸造灵魂功德大，月圆花好玉龙蟠。

1989 年 2 月 21 日

## 初夏描述安庆一位中年领导干部

叶茂枝繁笼碧荫，抬头喜听画眉鸣。
长空万里云峰秀，大地千军步履新。
宝塔临风豪气壮，英雄揽月决心陈。
群龙有首同欢畅，浩荡江流渔子亲。

1989 年 5 月 18 日

## 宿花山湾

满院红花艳石墙，天然小架绿荫妆。
窗明几净人心畅，日丽风和鸟语狂。

沥胆披肝怀国事，修身养性乐天王。

六朝城郭依稀见，云淡天高月满梁。

注：镇江市花山湾军队干休所。

1989 年 6 月 17 日

## 亚运会

风云际会北京城，四海腾欢气象荣。
展翅健儿雄赳赳，擂台比武活生生。
高强竞技同施展，兄妹争名又结盟。
万鸽齐飞怀美意，人民心里望和平。

1990 年 9 月 23 日

## 一九九〇年参观桐城乡镇企业

希望之光共一天，明星引路玉骢先。
情牵华夏人亿万，步起龙眠路八千。
云贵高原舒浩气，玉门关外结亲缘。
窈窕淑女竞高技，心系东吴浪里船。

进军号响入云霄,历尽风波不动摇。

舆论哗然双耳贯,牙关咬定一身劳。

心怀日月天天上,脚踏楼梯步步高。

众志成城山撼易,红旗招展马萧萧。

1990年1月

## 拔茅山清晨观雪

拔茅山上白花开,万木清新不着埃。

古老金牛何处去,满坡桃李向阳栽。

注:腊月十九宿拔中。

1990年2月3日

## 列　席

身居华夏可为雄,不爱深红爱淡红。

梦里堂前鸡报晓,花开院后马嘶东。

大庭广众陈情表,流水行云写素衷。

色色形形看不尽,迎风小草舞山中。

注:省政协全会证件深红色,列席为淡红色。

1990年4月

## 打　猎

箭步上山去，神弓魅力张。
林深多鸟语，不见虎飞扬。

> 1990 年 8 月 3 日

## 翠　梧

生长蓬瀛居士家，亭亭玉立着青纱。
凉风习习枝摇曳，霖雨霏霏叶翠华。
烈日炎炎驱热浪，繁星点点浴光霞。
田家爱意知多少，依仗浓荫好听蛙。

> 1990 年 8 月

## 卫夫人

不见当年桃面红，只缘心里欠东风。
祈求夫婿天梯上，迷入黄粱一梦中。

> 1990 年 8 月 7 日

## 感　遇

指鹿为马自称王，欲加之罪口雌黄。
可怜多少无依汉，期望明堂有日光。

1989 年 11 月 21 日

## 1990 年元旦抒怀

乍见红梅小院开，无边思绪远飞来。
寒风阵阵天惊吼，冰柱危危地欲摧。
逝去韶光留老眼，未来美景听春雷。
匆匆过客云烟散，多少王侯不染埃？

1990 年 1 月 1 日

## 欢送县直干部到基层任职并赞贤内助

有了贤妻心不焦，千斤重担力能挑。
刚柔处事人称道，五好家庭榜上标。

莫叹年华似水流，应怜事业炳千秋。
人生价值何为贵，夫唱妇随孺子牛。

1991 年 2 月 6 日

## 元宵节县城观灯

灯火辉煌耀碧空，满城男女出新容。
人山人海如潮涌，影入莲湖翡翠中。

壬申元宵夜作

## 江村夏景

大江澎湃向东流，极目扬帆万里舟。
日出东山红烂漫，月明西崦绿轻柔。
航灯夜指船行路，紫燕朝迎水上鸥。
多少渔人忙撒网，风风雨雨未曾休。

1992 年 7 月

## 永登圩堤上纳凉

四方八面好风来，六月凉天笑口开。
月满大江星闪烁，江帆远影几时回？

1992 年 7 月

## 回 汪

厨中日日有回汪，眼见渔人江上忙。
撒网投钩终有获，一船鲜活慰同乡。

注：回汪是一种鱼，父老乡亲如此说，我也跟他们一样说，我确实不知它的学名怎么写。防汛期间，每天中午都能吃到，味美。

1992 年 7 月 20 日

## 县乡镇企业会上即兴而作

### 奋 起

紧锣密鼓马嘶鸣，枞水加温热浪生。
各路群英求出路，万帆竞发远山平。

问君出路在何方，粥少僧多有主张。

万里长征重起步，关山飞渡月腾光。

1990 年 10 月 20 日

## 参观戚矶窑厂

先进农窑第一家，熊熊烈火泛光华。

红头百辆排长队，万丈高楼映彩霞。

1992 年 8 月 28 日

## 欢迎无锡归来新任枞阳纺织厂张厂长

出外务工总十年，艺高识广在人前。

蓝图一幅心中挂，誓把穷乡变乐园。

1992 年 8 月 29 日

## 参观枞阳县灯泡厂即兴

月儿湖边不夜城,芙蓉国里闪花灯。
晴光万里星光灿,多少情人并蒂行。

1992 年 8 月 30 日

## 参观天头山铜金矿

英雄打马上天山,扎寨安营创业艰。
兄弟联营威力大,志同道合闯三关。

1992 年 8 月 29 日

## 参观铁铜江头轧钢厂

"两委"同堂心一条,洲头钢火照天烧。
上江大渡谋高技,船下繁昌领指标。

1992 年 8 月 30 日

## 念奴娇·花大姐

　　天头山上,白云飞,岩石青松排列。菜子湖光强辐射,野兔轻轻飞越。大姐神安,千年酣睡,不问时和节。生来何用,房中空望明月。

　　有客来到山中,大姐亲迎,足踏林间雪。头戴金花环玉髻,脉脉含情难说。窈窕身姿,动人眉色,一笑千山悦。爱心涌动,引来多少豪杰!

注:天头山铜金矿是我县第一流现代化采选矿业,市委书记汪石满对雨坛书记说:"天头山是花大姐,你要好好待她。"我对这一形象语言较为欣赏,填小词以记之。

1992 年 9 月 1 日

## 回忆诗二首

### 巴　黎

回忆巴黎去旅行,诸多景点好迷人。
当年未作诗留念,此刻追思难问津。

### 伦　敦

不见当年雾满都,青青草地醉心头。
皇宫俊美含清秀,碧水通行绿树幽。

2016 年 12 月 20 日

# 宝岛游九首

## 参观桃园县莺歌镇张先生陶瓷厂
家办陶瓷厂，民间产玉葩。
未来共媲美，丽日放光霞。

## 乘车到台南
站口见亲人，心欢热泪陈。
车回到府上，仰望满堂春。

## 拜谒表兄鸿文灵位
楼上堂心供谒灵，此时像是主迎宾。
昔年从此传音讯，文物依然在保存。

## 台南古迹
台南古迹何其多，源远流长历史河。
这里人民勤苦干，功成名就乐呵呵。

## 看台湾海峡
两岸分开也接连，一同眺望碧云天。
消除战火人安泰，世代延绵大自然。

### 看榕树入屋

未曾见过树来家,今日手摸根与丫。

世上好多奇异事,让人心里乐开花。

### 台湾摩托车世界

摩托何其多,往来像织梭。

通行多方便,停位不需谋。

### 市面没有垃圾桶

垃圾留家里,不能向外扔。

大家都守约,环保令人钦。

### 远眺阳明山

绿树葱茏山色迷,飘飘丝带景中奇。

未来我可登临上,正是春风得意时。

2010 年秋

## 参观罗德岛 Newport 名人别墅

别墅建成越百年,主人风采在人前。
当年名气空前大,创业辉煌写锦篇。

琼楼环海海风凉,消夏时辰玉影张。
无数亲朋来聚会,风流一代永留香。

芳草如茵吸引人,红花绿柳更精神。
工程形象真雄伟,偌大空间可问津。

文物传承年复年,温情笑语客流连。
家财万贯全捐献,一片丹心宇宙传。

2011 年 9 月 7 日

## 昆士市参观总统旧居、图书馆

### 第二届总统旧居

旧居留下见平凡,生长农家一小娃。
赢得民心当总统,为民造福在心房。

**第六届总统退休旧居**

总统住家好地方,青青草地鼻留香。
退休安住无穷乐,日照瑶台韵味长。

**两届总统图书馆**

满架图书两百年,主人肖像在堂前。
含情饱览心明亮,万丈光芒别有天。

2011 年 9 月 30 日

## 参观麻州三十五届肯尼迪总统图书馆

图书馆在海之边,广阔无垠大自然。
历史留存真面目,英雄风采万家传。

飒爽英姿光满天,心花怒放一年年。
当年活动全呈现,风雨征途永向前。

总统生涯万里行,伟人伟业见功成。
人生不论长和短,留得清光是永生。

2011 年 9 月 30 日

## 献给乔布斯

报章引见乔布斯，他有灵犀我有痴。
苹果透红大众爱，为何远别觅新居？

来去匆匆一部诗，功成名就正逢时。
创新科技催人醒，像是春花爱玉枝。

光华满面向天歌，开发市场神入魔。
概念形成凭实验，一生心血汇成河。

2011年10月5日

## 元宵节耆英歌舞表演

### 独 唱
神清气爽女高音，甜美歌声追白云。
不像新生来表演，可能她是老歌星。

### 指 挥
如丝白发闪清光，怀抱深情热气扬。
祝你健康多快乐，心花开放满庭芳。

### 回娘家

载歌载舞看妈妈,头戴红花身背娃。
天上忽然下起雨,拉开大步到娘家。

### 双人舞

一女一男喜气扬,情深意切动心房。
风言风语公开讲,要嫁嫁我不嫁他。

### 群体舞

飘飘荡荡在人间,绚丽衣裳更闪光。
舞步轻盈神奕奕,怡颜笑口诱人看。

2012 年 2 月 7 日

## 上海看世博

世博参观人似鲫,夜深排队票难求。
我来欣赏中华馆,难得通途正发愁。

2010 年 9 月

## 宿浦东锦江之星旅馆

祖孙订住一间房,安静无尘梦里香。
眼见浦东开发好,迎来远客喜洋洋。

2010 年 9 月

## 步行南京路

南京路上好繁华,跳舞唱歌还种花。
清洁安全通道好,人来人往兴无涯。

2010 年 9 月

## 和平饭店小坐

和平饭店名称好,此刻重观我特亲。
四十年前曾住此,如今还是梦游人。

2010 年 9 月

## 城隍庙小吃

名牌打出一年年,好乘东风挣点钱。

食客光临人挤满,店家眼笑看财源。

注:此处餐费与市区其他餐馆相比要高得多。

2010 年 9 月

## 漫步黄浦江岸

黄浦江岸早翻新,可供游人来赏欣。

此日蒙蒙细雨下,不能走尽路全程。

2010 年 9 月

## 登东方明珠塔

塔上登临看市容,越高越等费精神。

浦江两岸豪华集,上海从来吸引人。

2010 年 9 月

## 乘游轮游览黄浦江

豪华轮上客为家，所有游人可用餐。
饱览风光人欲醉，黄浦两岸泛光霞。

2010 年 9 月

## 记奶奶拍照

拍照影留存，亲情一显真。
人山人海里，潇洒见精神。

2010 年 9 月

## 记孙儿强强看护

带路保安全，观看世博园。
安排食宿好，一路笑声连。

2010 年 9 月

### 回北京第一次碰上堵车

车辆那么多,行程像墨磨。

时间浪费掉,烦恼伴蹉跎。

注:从机场到三路居车行 2 小时,比上次多一倍。

2010 年 9 月 29 日

### 今晨看到雾霾

天上雾蒙蒙,早晨怕出门。

忽然问自己,怎样可强身?

2010 年 9 月 30 日

### 游览北京常青公园

清新空气这儿多,保养健身为楷模。

辽阔北京条件好,高层创意唱民歌。

2010 年 9 月

## 北京小餐馆吃便餐

便餐费用较便宜,不少饭客来这里。
我们也想吃吃看,品尝两次心欢喜。

2010 年 9 月

## 吃北京烤鸭

北京烤鸭味香鲜,古老名牌在结缘。
摆设堂皇招食客,富人来此过肥年。

2010 年 10 月

## 老农有养老补助金

老农都把笑颜开,政府关心送暖来。
辟地开天第一次,春雷响起畅开怀。

2009 年 9 月 1 日

## 拜访会宫九十六岁老人李应甫

百岁生辰愿可期,精神顶好步能移。
听他喊我何书记,大脑储存不用疑。

2010 年

## 徐平为儿子浮中陪读

陪读劲风国内吹,家家户户动心扉。
租房做饭为儿女,高考成功共举杯。

2010 年 9 月

## 父母开摩托接儿女回家

门前摩托车停满,迎接孩儿放学回。
为啥风光如此美,深思远虑是将来。

注:门前指湖滨小学门前,枞阳二中。

2010 年 9 月

## 小宝先生

安居上海已成功,开动轿车一阵风。

家在闹区还有静,一家三口乐融融。

注:小宝是他的乳名,原枞阳城关供销社员工,在上海事业有成。

2011 年 10 月

## 合肥之旅

合肥之旅好开心,所有亲邻都热情。

诗选成书愿出力,大家给我送温馨。

2012 年 11 月

## 西江月·访枞阳安庆新华书店

到了两家书店,咨询出版行情。热情对话话中明,愿在将来出力。

诗稿选看好评,夸我德高望重。两家经理热心同,还有些人迎送。

2013 年 12 月 17 日

## 游莲湖公园

宝地建公园,游人爱自然。
水边通道好,岸上舞翩跹。

夕阳无限好,老者望流连。
吸氧心舒畅,步行不乘船。

2013 年 12 月 19 日

## 登幕旗山生态园

游览幕旗山,上爬不畏艰。
奔行要喘气,停步得休闲。

登高能望远,好景在身边。
一线江流白,辉煌城郭妍。

2013 年 12 月 19 日

## 正月初二波士顿音乐会

两个小时音乐会,精华艺术亮心田。
更喜三星三小妹,翩翩起舞令人恋。

2014 年 2 月 1 日

## 回忆诗六首

### 西安古城

步入西安多少年,帝王位上影流连。
如今进入新时代,车水马龙奔向前。

### 登大雁塔

登临塔上想从前,祖国光华技艺传。
建设精工豪气壮,辉煌帝国伴云烟。

### 看兵马俑

兵马交锋成过去,如今装备大超前。
战争打响均遭难,永葆和平结善缘。

### 武则天无字碑

亲眼观看无字碑,武皇思路亮人前。

功名留给后人评,真理光芒自在传。

### 华　山

稳步攀高步履坚,华山仙境旅人妍。

登临绝顶风云好,汗水晶莹总觉鲜。

### 感谢西安干休所亲戚刘兰芳老人

三人吃住在她家,有感添加几分忙。

每日早晨牛奶好,全心服务永难忘。

2016 年 12 月 15 日

# 加勒比海旅游诗八首

### 乘飞机

家人同乘一飞机,加勒比海去探奇。

转眼准时登岛上,心开意满笑嘻嘻。

### 住家庭式旅馆

三室五床一大厅,开开敞敞玉阶行。
窗临大海凝眸望,白浪腾翻总不停。

### 海上游泳

海滩到处是人群,游泳健儿豪气凝。
阵阵碧波飞浪白,拔高冲浪似云腾。

### 海上运动

载人飞艇载人多,摩托奔驰划碧波。
还可飞行降落伞,身沉海底看鱼窝。

### 岛上人居

岛上人居眼里过,层楼白色像天鹅。
红花绿树漫山谷,四季平和氧气多。

### 椰子树

直立撑天椰子树,随风起舞美何如。
拿钱买得新椰果,吃后方知味特殊。

### 登公园岛

岛上风光共媲美,公园景色好鲜妍。

生机绿树连芳草,烧烤野餐工具全。

### 海滨餐馆欢度圣诞平安夜

店堂聚集满堂宾,所有临门是旅人。

清碧月光飞席上,一同欢乐结芳邻。

2013 年 1 月 1 日

## 华府游诗四首

### 樱花节欣赏樱花

正是春光明媚日,樱花节里赏樱花。

樱花开放好鲜艳,所有游人力挺她。

陆上看花情未了,还乘小艇水上看。

不少情人卧花底,笑谈不尽日影斜。

### 参观博物馆

走马观花看古董,心中涌现一金轮。

前人创业留痕在,展望前程满目春。

注:金轮,金色的太阳,即早晨。

### 肯尼迪艺术中心看芭蕾

整装进入大艺坛,兴趣盎然驻目看。

舞者轻飘云里动,满堂观众尽情欢。

### 华府壮美

参观没有乘车赶,所有行程是步行。

乐见首都多壮美,自然开发领头兵。

2013 年 1 月

## 知福惜福三百字

福从何处来,不可去乱猜。

有福会愉快,没了也不怪。

大家齐努力,争取可得福。

目标若兑现,就此了心愿。

如想再追求,门庭更光彩。

懒惰难得福,真是很可惜。

辛苦无穷尽,才气被埋没。

想得不义财,法制跟着来。

家庭遭破坏,社会添祸害。

有福不享福,总是找苦吃。

新生枝节多，流不到长河。
梦想得福啊，最终没奈何。
精神如不好，快乐渐渐少。
如此会伤身，红颜速变老。
一步一脚印，踏实见行动。
去苦换甜来，人前好气派。
衣食不用愁，老来得自由。
休闲与自在，到时放光彩。
生命如跑马，一晃白头人。
养老制度好，老来享福了。
和平世界好，老来安宁保。
科技在前进，人人有一份。
珍惜好余年，调理永向前。
有病莫伤心，勇敢向前冲。
对人有宽容，大气人尊敬。
烦恼要全抛，快乐为根本。
长寿第一宗，日日要开心。
饮食要均衡，防病最要紧。
冬阳暖人心，晴光满目春。
所有在世人，携手朝前进。

2013年6月8日

## 尊老爱幼

步入老年期,悠闲岁月随。
身心经百炼,安静把家居。
人称老是福,百岁属高标。
生命传家宝,童颜展自豪。

小小幼儿好,事事无打扰。
很想天天玩,开心总不少。
动手学科技,用心提问题。
求知情切切,梦里笑颜堆。

2011 年 3 月 30 日

## 波士顿昆士小学敬老献爱心演唱会

节目内容好,演员演技高。
台前视频放,曲曲韵儿娇。
敬老人共识,爱心赶浪潮。
满堂宾客至,各自乐陶陶。
美东财气大,粤曲艺称豪。
发展无穷尽,前程万里标。

我来观演出，雅兴逐天高。

思绪难平息，梦中把戏瞧。

注：此活动美东烧腊店赞助，粤艺社主办。

2012 年 10 月 22 日

## 芝加哥之行

### 出席外孙查理芝加哥大学毕业典礼

校园集会近万人，无比欢欣一样心。

屏幕传真留倩影，红花绿树壮精神。

2012 年 6 月

### 惊见外孙查理女朋友

大型庆典告完成，饱看外孙满眼春。

又见同来有女友，临门双喜更惊人。

2012 年 6 月 9 日

### 晚　宴

豪华晚宴玉楼开，朋友家人赴约来。

谈笑风生情意美，香槟酒饮染红腮。

2012 年 6 月 9 日

### 参观芝加哥大学

漫步观光大学城，堂堂正正像飞龙。

清风绿树迎人到，浩气贯通连碧空。

2012 年 6 月 10 日

### 漫步赏玩市中心

匆匆来去是行人，林立琼楼气象雄

人说芝城建筑美，三层通道全畅通。

2012 年 6 月 11 日

### 乘游轮到大湖看两岸风景

两岸风光雕塑成，自然典雅令人亲。

大湖净洁真正美，荡漾清波似碧云。

2012 年 6 月 11 日

### 湖滨步行浏览

今天沿岸大湖行，空气新鲜道别情。

我在人中占一席，观看白色小飞艇。

2012 年 6 月 12 日

### 家君为查理传经送宝

流水高山父子情,传经送宝展精神

金心光耀昭天地,只为儿郎好去寻

注:父亲为家君,母亲为慈君。

2012 年 6 月 14 日

# 欧洲游

(乘波罗的海游轮观光环海游七国首都,行程 15 天)

### 荷兰　阿姆斯特丹

建筑文明走在前,条条街道在河边。

全程饱览心欢快,旅客游街可乘船。

注:这里有人行道、自行车道、汽车道,三条道并举,行人自行选择。

### 参观老风力车

欧洲自古创文明,时代更新起好风。

留下风能思往昔,供人思考向前冲。

## 豪华游轮

偌大游轮十二层,优良设备令人惊。
全程吃住在轮上,稳稳安安载客行。

游轮像是一高山,人立高山观海光。
大海浪涛看不尽,胸怀坦荡向前方。

## 航行至柏林

柏林名字早闻名,世纪风云集古城。
今日亲临真有幸,十分精彩看精英。

## 观看柏林墙遗址

现时不见柏林墙,遗迹犹存倍感伤。
昔日战争多苦难,无辜百姓任遭殃。

## 圣彼得堡

壮丽辉煌俄罗斯,文明古国显神奇。
金光文物迎人看,万丈光芒创史诗。

建筑辉煌耀古今,安居宝地得安宁。
茫茫大海升红日,乐听自然万籁琴。

## 海　鸥

两群鸥鸟此栖身，展示和平可放心。
环境清幽人共盼，高高飞起亮乾坤。

## 芬兰　赫尔辛基

沿途所见是风车，力造能源在世间。
今日有缘开望眼，无边无际碧连天。

## 观看纺织博物馆

精心巧织播文明，造就文明工业城。
智慧传开都想学，人人装扮笑盈盈。

## 瑞典　斯德哥尔摩

石头小路依然在，淳朴古风好自然。
旅客舒心行路上，不需买票去花钱。

## 参观诺贝尔馆

诺贝尔公好精神，奖励人才力创新。
推动全球向前进，光辉业绩万年春。

### 丹麦 哥本哈根

中餐吃喝小池边,领略风情是有缘。
吃得开心尝美味,能源充足再奔前。

### 瑞士飞机上看钟表广告

时间精确令人钦,瑞士文明钟表城。
智慧功能声浪远,美人君子约芳程。

### 丽碧引路

天生丽碧很精明,带领家人赶路程。
所有参观都满足,心灵之旅好多情。

### 丽碧笔记

眼看丽碧不辞辛,日记留痕为保真。
不解个中做什么,如连科研可赢人。

### 欧洲行,佳佳收益多

佳佳此次出家门,八国风云入眼中。
得益多多全显现,胸怀宽阔有精神。

佳佳才有十三岁,来到欧州作旅人。

知识增多光四射,未来发展彩头新。

注:所到景点,佳佳用心观察、拍照,给家人发信息、买小礼品,很可爱。

2014 年 8 月

## 三峡游

### 北京乘飞机飞重庆

久仰山城今日临,高楼林立展繁荣。

嘉陵江上风光美,昔日陪都享盛名。

2014 年 11 月 19 日

### 小雨步行上山看历史陈列馆

历史硝烟启后生,和风细雨慰精英。

大家同步朝前进,一路欢歌唱太平。

注:陈列馆指白公馆、渣滓洞等。

2014 年 11 月 19 日

## 武隆县农家乐饭庄就餐

食料新鲜养育人,满堂游客足留痕。
做工讲究味儿足,夸奖心声入碧云。

2014 年 11 月 19 日

## 重庆看山

重庆山真多,山山像碧螺。
一尘都不染,来此可防疴。
流水清又清,石山神气凝。
英姿魁伟美,幅幅画图新。
造化展功能,游人眼见真。
三硚太活跃,脑海永留存。

2014 年 11 月 19 日

## 重庆乘三峡游轮

三峡游轮好气派,媲美欧洲游大海。
人民生活大提高,可与日月争光彩。

2014 年 11 月 19 日

## 丰都鬼城留影

我们来此要报到,心里无愧开怀笑。
丰都小鬼由人装,特地陪同共拍照。

2014 年 11 月 19 日

## 白帝城留影

古老诗城白帝城,诗仙李白永留名。
是谁把我留踪影,可记家人陪我行。

注:这次旅行,由向军儿陪伴。

2014 年 11 月 19 日

## 在小三峡游船上

船工船上唱山歌,嘹亮歌声动碧螺。
此刻游人多激动,心情清爽乐呵呵。

学习船工把船开,手持棹竿船儿迈。
上身穿好救生衣,头上还把草帽戴。

2014 年 11 月 19 日

## 看天然山峡

气势巍巍似巨雷,天然美景画图开。
人间天险这儿见,举目观光神气来。
游人昔日经风险,力挽狂澜可免灾。
胆大包天波上走,惊涛骇浪壮心怀。

2014 年 11 月 19 日

## 游览三峡大坝

浩荡工程撑起来,人间智慧浪花开。
惊天险浪终离去,造福人间可避灾。

2014 年 11 月 19 日

## 第二次到武汉

名城古老记犹新,今日观看大市容。
想觅两家文艺处,回程赶紧未成功。

注:两家即当代文学艺术展藏馆、长江文艺出版社,我曾有诗作收藏、发表于这里。

2014 年 11 月 19 日

## 黄鹤楼门前留影

高兴前来黄鹤楼,及时留影记心头。
江山饱览春秋历,心里留存一瞬游。

2014 年 11 月 20 日

## 搁笔亭题句

建筑诗坛搁笔亭,后人可以发微吟。
青莲心语传天下,名誉不争也得分。

2014 年 11 月 20 日

## 登黄鹤楼看武汉长江大桥

武汉大桥久久念,绰约风姿今日见。
五十多年桥体健,英雄为国做贡献。

2014 年 11 月 20 日

## 黄鹤楼步崔颢韵

谁知黄鹤今何处,极目观光黄鹤楼。
黄鹤飞行神奕奕,白云飘荡兴悠悠。
江山不老光华夏,事物翻新亮五洲。
明日回京乘高速,一同分享有何愁。

游完三峡来三镇,有幸登临黄鹤楼。
黄鹤名楼真壮美,旅人旧梦思悠游。
行程喜遇好天候,满目生机是绿洲。
大国古城人密集,如何解困免生愁。

2014 年 11 月 20 日

## 找到至匀同志家

他是周潭镇上人,处人处世力求真。
年方十八当乡长,为国为民献青春。

注:周至匀,枞阳县人,曾任县水电局局长。

2014 年 11 月 23 日

## 写给正刚、正志

凡凡考取公务员,百里挑一选圣贤。

但愿仁风吹广宇,为民造福过前川。

注:正刚、正志,君慧表弟妹。

2014 年 11 月 23 日

## 表弟熙民公子票选县城管大队长

票选迎来大队长,足见人中是好样。

民主功能显神威,人民事业蒸蒸上。

2014 年 11 月 23 日

## 故乡宗和女儿、宗年儿媳找我要书

老家展现精英象,出外打工要书看。

交朋结友做传媒,一代新人闯天下。

2014 年 11 月 23 日

## 合肥聚会

祈求史上确无前,约请乡亲帮我联。
宝地淝河今又见,春风杨柳满晴川。

假日过完天气好,满堂宾客笑连连。
桐城经理迎亲友,怀抱丹心结善缘。

2014年11月25日

## 宿南京秀云家

二老身体很健康,带领我们江岸玩。
礼送南京盐水鸭,情牵万里口留香。

居留仍是老房子,设备也还未变样。
心想他们是功臣,应该享受得舒畅。

2014年12月9日

## 南京大排档

店家食品风吹香,空气清新人欢畅。
价格不高可负担,如有机会再来玩。

2014 年 12 月 9 日

## 乘船游览秦淮河

久仰秦淮河,今天老者过。
乘船水上望,日暖与风和。
两岸人家乐,桥梁特别多。
往来无障碍,行者乐呵呵。
水面较清净,治污很不错。
畅怀瞩目游,不觉参观完。

2014 年 12 月 9 日

## 访齐顺成同志家

劳作弓腰在稻场,为用阳光把稻晾。
忽见有人身后站,停工请坐来谈话。

精神满满笑开颜,这是老人第一桩。

赶走病魔心欢快,人间旅路可延长。

注:齐顺成,20世纪50年代的大队书记。

2014 年 12 月 4 日

## 长兴文华家

四代同堂一大家,和谐相处喜洋洋。

老人保健多留意,少壮辛勤日日忙。

家里有了好帮手,热心服务里外走。

当家做主每天事,一片衷心功不朽。

注:文华是亲家张德忠、李友娣女儿,长兴县政协常委。

2014 年 12 月 4 日

## 全国百强县——长兴

长兴名列百强县,显示劳工织锦成。

有水有山环境好,百花开放看明灯。

2014 年 12 月 4 日

## 参观长兴县广电单位

杨君挂职工程师,策划宣传心力施。
家里居留难怪少,辛勤劳作正逢时。

2014 年 12 月 4 日

## 观看长兴县四大班子办公楼

高楼耸立靠山边,气派非凡耀眼前。
传说九州居第一,前人辛苦后人甜。

2014 年 12 月 4 日

## 观赏太湖

太湖瞭望多宽阔,浩荡清幽不见边。
今日喜见波光漾,坚持治理一年年。

2014 年 12 月 4 日

## 走访文华农庄

绿野仙踪在眼前,步行饱览意绵绵。
园林设计功能好,天上人间美景连。

2014 年 12 月 4 日

## 题茶圣陆羽雕像

大唐茶圣爱长兴,专著《茶经》第一人。
青史留名飞海外,千秋万代影传神。

2014 年 12 月 4 日

## 步行安庆市人民路

江风习习拂衣襟,氧气多多润我心。
路中不少步行人,带着小孩看风景。

每天晚上这儿来,散步健身心扉开。
安静和谐天地里,灯光闪亮动情怀。

2015 年 5 月

## 登长江防洪堤

早晨漫步到江边，有感江边空气鲜。
几处洗衣棒石响，穿梭货运是飞船。

南来大渡口乘船，一切如常两岸连。
摩托船头开步走，行人接踵欲争先。

2015 年 7 月

## 西江月·喜见安庆人民路边长江防洪堤上唱歌跳舞

争取健康身体，早晨锻炼寻常。歌声响彻碧云端，舞影飘飘向上。

改革功成收益，人民得意开颜。不愁这也不愁那，赢得心灵解放。

2015 年 7 月

# 龙珠陪我们游北大清华

## 北京大学

畅游名片未名湖,气爽神清入画图。
小雨伴随开步走,餐厅美食似明珠。

2015 年 7 月

## 清华大学

重游清华好时光,小雨纷纷有点凉。
济济人才名校育,为民为国出良方。

2015 年 7 月

# 全国诗词盛典大会

应邀赴会北京来,喜见香花次第开。
缕缕情怀难得断,艺人聚会展英才。

教育题材夺了魁,满堂艺友笑言陪。

旗开得胜归重庆,明月清风不染埃。

注:盛会于 2015 年 5 月 9 日召开,设特别奖一人,奖金五万元,得主系重庆一位女教师,优秀作品奖 10 人,每人五千元,我名列其内,还颁发了证书、奖杯。

2015 年 7 月 11 日

## 彭泽看望胜德表兄

铁打江山铁打身,心情很好有精神。

勤劳传递高风起,一片丹心为后人。

2015 年 7 月

## 看望彭泽诗社赵璧吟长

三尊吟长离人世,难见尊容我痛心。

何日相逢共一席,畅谈心得论诗文。

赵璧容颜很可亲,他是中学教书人。

今天有幸能谋面,互看吟坛幸运神。

2015 年 7 月

## 下雨小孤山未去

顺道过江看小姑,适逢仙女织天丝。
年年愿望难呈现,不禁心中总觉孤。

2015 年 7 月

## 安庆乘车去池州

多年未到池州来,今日心花就地开。
美丽江南好风景,新生事物动心怀。

2015 年 7 月

## 写给克斌、陈静

一同努力为生存,把稳开车记在心。
宝地安家真是好,女儿大学露峥嵘。

注:克斌、陈静夫妇是我的晚辈,在池州工作。

2015 年 8 月

## 喜见钱秀珍医师

想念故人眼见真,老夫老妇爱心深。

相扶相助向前走,家在湖边空气新。

2015 年 9 月

## 访丁育民先生

白发飘飘更觉亲,文坛继续展精神。

新书出版大家赞,乐在其中全为人。

2015 年 12 月 18 日

## 访章尚朴先生家

八宝行踪为觅君,看完诗作见诗魂。

江南江北难分割,梦里思君喜见真。

注:章尚朴,铜陵人,诗人。

2015 年 6 月

## 龙珠二伯赞《石溪吟》"清溪白练好风光"句

口评拙作听心音,故里风光感动人。

月白风清安静夜,如诗如画眼中真。

2015 年 6 月

## 王斌开车送行

开车护送返枞阳,一路风光一路看。

两个小时车子到,通行快速令人欢。

注:王斌,亲戚晚辈,在铜陵工作。

2015 年 7 月

## 乐见殷经权夫妇铜陵安家

定点此安家,安家要买房。

家人团聚乐,岁月共芬芳。

2015 年 7 月 13 日

## 杨宣祥家没人接电话

不知何处有杨郎,两载追寻未见他。

今日把书还给我,何年才可赏春光。

注:杨宣祥,枞阳人,曾任市文化局《文化志》主编。这次托友人赠书给他未成。

2015 年 7 月 13 日

## 送书寻汪学成家人

听说女儿在四中,我为赠书来找人。

经过多方询问后,没有消息可问津。

注:汪学成,枞阳人,曾任安庆市电视大学校长。

2015 年 7 月 13 日

## 林家咀送书给福海家人

为我带路热心人,终于找到他的根。

她的身份是儿媳,可转孙儿大学生。

注:吴福海,枞阳县人,农民,姨表弟,已故。

2015 年 7 月 13 日

## 君慧陪我去姚家坂找同学
## 汪能才家人送书

一位奶奶指路程，一位婆婆带我行。
门锁不知人去向，只好将书塞进门。

花落成泥眼见多，乡亲话语动心河。
少年来此难忘记，今日重来感慨多。

注：汪能才，枞阳县人，曾在水电局江堤上工作，已过世多年。

2015 年 7 月 13 日

## 访吴朝晴先生家

听说先生不在世，特来造访他们家。
夫人思念情深重，口口声声还是他。

2015 年 7 月

## 我同君慧向吴朝晴先生遗像鞠躬

先生枞邑大贤人,品德高超学问深。
博古通今见彩笔,晴光永驻影传神。

注:吴朝晴,枞阳县人,曾任县诗词学会会长。

2015 年 8 月

## 怀念王思诗

步行小组领头人,带领大家有爱心。
边笑边谈同步走,民间趣事口传神。

2016 年 11 月 3 日

## 老年群体晨练

练功今日遇严寒,手足难支易冻伤。
风刺脸庞时觉痛,坚持硬挺过难关。

九四高龄名李巴,练功总是笑洋洋。
今天寒冷仍如此,我在心中赞赏他。

教练用心来把关，时间推后避严寒。

原有套路可减半，欣喜老人能保安。

2016 年 12 月 16 日

## 步行天安门广场

今天漫步古城间，空气清新大自然。

谈笑风生传广宇，新兴大国永奔前。

2017 年 10 月

## 注目天安门城楼

天安门上好庄严，一片金黄耀眼前。

封建皇朝留盛迹，人民至上在今天。

2017 年 10 月

## 参观人民大会堂

设计人民大会堂,永留风采在人间。
国家大事年年议,细数国民奔小康。

2017 年 10 月 2 日

## 乘游船游颐和园

风平浪静湖光好,多彩纷呈吸引人。
俯仰观看山水影,皇湖依旧展精神。

2017 年 10 月

## 西江月·共步颐和园长廊

多少年前共步,今天依旧携她。
金花招展眼前看,一路游人欣赏。
好水好山同玩,名湖景仰四方。
大家漫步过长廊,北国风光亮相。

2017 年 10 月

## 西江月·佛香阁寺

世界闻名遗产,今天仰面观光。

金光闪烁好风扬,多少游人共赏。

古老佛香阁寺,年年形象如常。

爱心总是关怀它,世纪传承榜样。

2017 年 10 月 7 日

## 西江月·北海

北海公园气派,游船启动光彩。

王朝时代育奇葩,细雨和风粉黛。

历史名人留迹,今天游客畅怀。

风云变幻巧安排,总是华堂豪迈。

2017 年 10 月

## 西江月·观赏京津冀三省市北海公园菊花展

北海菊花吐艳,含情款待嘉宾。
一瓶美酒正开瓶,传与仙人畅饮。
我亦多年恋此,有缘今日逢君。
饱看秋色淡如神,不让秋风扫兴。

2017 年 10 月 12 日

## 西江月·喜见京城菜市场互联网付款交易

市场物质丰富,人民需要俱全。
鱼虾菜果好新鲜,光照人民心愿。
这里先行一步,推动全球互联。
新生事物亮人前,像是奇花鲜艳。

2017 年 10 月 18 日

红楼集

这一集内容包含我青山何氏家族及有亲戚血缘关系族裔的人。在这些人中，有些老人过世了，有些老人还健在；有些人是顶梁柱，有些人正在蓬勃发展。我有幸与他们一同融入这崭新的时代，他们给我留下美好的形象、深厚的情谊，我用诗把它们记下来，留给一起参加活动的人，及尚未启程前来这个世界的新人一同欣赏那些美好的人和事。各家族都有艰苦奋斗的光辉历程和克服困难的拼搏精神，我们要传承老祖宗的这种精神，向开山祖致敬！唐代诗人陈子昂写过《登幽州台歌》："前不见古人，后不见来者。念天地之悠悠，独怆然而涕下。"这是一首感怀诗，令人感动！我们要珍惜宝贵的生命，珍惜温暖的家庭，珍惜真诚的友谊，珍惜美好的时代，为国、为家出力！

# 何家中山三首

## 一

何家一族住中山，古木葱茏映草房。

日起南河天灿灿，月明广济路茫茫。

枝头白鹭生机旺，水里青鱼逸兴扬。

草顶露珠童子牧，红莲绿柳隐归帆。

注：南河、广济是南河场广济圩缩写；归帆，代指小鸭溜子。

## 二

农民度日实辛酸，劳动归来月一盘。

满目蚊虫看鸭睡，单衣三九御冰寒。

兵荒马乱身难保，犬吠鸡鸣心不安。

渴望太平无乱世，群雄势起荻芦滩。

## 三

村头一看瓦房多，饱食安居日月过。

仍有几家尝苦果，还愁大雨毁青禾。

人翻几倍撑天柱，粮越三番动地歌。

往日冰凌难得见，热风热气满山坡。

注：前两首儿时追忆，后一首现实所见。

## 悼念何东初老

先生策马往西行,拥抱豪情拜马公。
一世雄风除鬼蜮,满身正气贯长虹。
枞川夜雨淋清影,桐梓晓钟醒碧空。
故国光华心足矣,大江东去浪花浓。

淝水之滨九十翁,突然仙逝化飞龙。
炎天共话无端事,冰榻长眠不改容。
亮节高风无产者,清词丽语智囊中。
如今顿失明师教,梦里遥斟酒一盅。

注:何东初,枞阳县罗庄人,抗日战争期间任桐庐县县长,中华人民共和国成立前后任过安庆市孤儿院院长、安徽省文史馆馆长。

1989 年 1 月 3 日

## 十爹爹

老人走路快如风,谈笑风生并步行。
早上上街品茶点,晚间迎客到堂心。

注:堂心,玩小牌。

2017 年 10 月 28 日

### 怀念保传弟

每次回家看父母,他是第一来看我。
亲情体现手足般,画面展现好温暖。

2016 年 8 月 3 日

### 怀念传书弟

他是中山放鸭郎,一年四季看河床。
经历寒风和热浪,依然挺立在人间。

2017 年 6 月 12 日

### 怀念传信弟

丹心耿耿教书匠,培养幼苗心力施。
跟上潮流求发展,称心如意乐何如。

2015 年 10 月 5 日

## 看望传虎弟

得知传虎弟生病,特地到他家里来。
他把笑容堆脸上,悲愁心曲未曾开。

2017 年 10 月 28 日

## 新开沟看桂荣妹

乳腺癌症在扩散,生命旅程不很长。
今日同她见一面,何时相会在何方。

病情严重要人看,几个孩儿轮值班。
最后一程送她走,亲情永驻在人间。

2017 年 10 月 28 日

## 合肥喜见桂花表妹

多年未见桂花妹,今日相逢开我心。

痛惜朱公今不见,何年何地再逢君。

注:朱公,她的老伴儿。

2017 年 10 月 20 日

## 怀念宏慈同学

心脏功能难运行,坚持药治也无灵。
明知症状高风险,举步维艰盼太平。

一介书生久病缠,生存渴望志弥坚。
谈天说地心欢畅,赢得人生幸福年。

注:何宏慈,中华人民共和国成立前在乡政府工作,后来任小学教师。

2012 年 7 月 3 日

### 喜见中山西院传恕同学

一生劳累把田耕,老骨风吹硬几分。

六十多年未碰见,今天相见好开心。

2012 年秋

### 何桓家人列队迎接我们

安排会面感情浓,为了迎来家里人。

同祖同宗心记得,多年未见倍相亲。

注:何桓,房亲,同辈。

2014 年秋

### 听遵武老人讲心里话

在家吃饭好,外出我难行。

饮食循规律,老来享太平。

2011 年 1 月 13 日

## 赠何进

拔掉穷根栽富根,功夫不负有心人。

坚持劳作多流汗,花果满园万象春。

注:故乡晚辈。

1997 年 9 月 18 日

## 追思祖父

一生辛苦聚贫穷,难得翻身做主人。

不是生来无本领,只因时代未图新。

封建王朝早结束,自由民主已生根。

人民活跃新天地,万象更新生碧云。

注:祖父名守俭,排行二爹爹,五十岁离世。

2016 年 8 月 2 日

## 冬至为祖母安碑

八十二年一瞬过,今朝重看祖宗窠。
孙儿孙媳同归里,亲友亲人似织梭。
篆刻碑文留墓地,鞠躬泪水起心河。
雁书千里传情意,此日山中百鸟和。

注:表兄从台湾回乡扫墓,特为祖母坟墓安碑。

1989 年 12 月 22 日

## 读张鹤先生乙亥春夜梦中会母有感而作

秕糠野菜时常吃,乳汁长流瘦你身。
不是精心调养我,哪来今日好精神。

五十华年离世去,不知近况是如何?
天堂应比人间好,祝愿亲娘自在多。

就在登仙那一年,离家远走隔江天。
归来送老难如愿,戴罪儿归到墓田。

小家门口是青山，父母仙游尚未还。

三十二年如一梦，而今我已鬓毛斑。

注：1963年，经南京工人医院检查、手术，母亲患胃癌扩散不治。她生前我不能在病榻前侍候，1964年秋去世时，我在青阳参加重要工作未能回家。

1996年2月2日

## 偶成寄表兄

无官一身轻，有心月旦评？

心焦名利客，花老玉堂英。

野外冬云暗，城中秋月明。

茫茫沧海路，多少丽人行？

1992年8月26日

## 寄怀表兄

不见天飞雁，心生几度疑。

山高云水漫，路远马蹄疲。

守夜观明月,临风诵旧词。
相思难得断,但愿影相随。

1991 年 9 月 9 日

## 癸酉三春寄表兄嫂

美好春光爱结缘,心安理得度余年。
先前走尽崎岖路,此日平原看大千。

阳春三月正芳菲,紫燕衔泥陌上飞。
扬子江心风逐浪,小楼游子倦游归。

1993 年 4 月 13 日

## 正华电告父亲癌症手术

大难临头何日休,几多痛苦几多愁。
苍天翻脸无情谊,涕泪纵横似水流。

1995 年 5 月 1 日

## 表哥 6 月 15 日手书寄我

（近日来，症状消失，早晨可以散步，也可以与朋友聊天，胃口也很好，但痛苦仍多，我有多少时间，听天安排，希望奇迹出现。）

生生死死寻常事，痛苦如斯奈若何。
又见曙光初出现，火花迸发向天歌。

1995 年 6 月 15 日

## 沁园春

（表兄陆鸿文 1994 年 12 月 16 日进医院彻底检查，经探视前列腺颈口有两结石，随即顺利取出，释疑解痛，于 12 月 27 日安全出院，闻之有喜，感而赋之。）

历尽寒冬，起过狂风，又是一春。看山欢水笑，龙飞凤舞，冰河解冻，海陆升温。万里无云，千帆竞发，展望前程眼界新。迷人处，是绿荫海峡，花满乾坤。

人生多少艰辛。风雨击，头留几道痕。幸福星高照，祖宗护佑，凄凉处境，自在安神。宦海耕耘，寄人篱下，春夏秋冬四季勤。灯未熄，忆沧桑往事，热泪纷纷。

1995 年 1 月 12 日

## 题鸿文表兄病后夫妇合影

向着太阳来，心房几度开。
伞中双影集，地上绿林陪。

1995 年 10 月 30 日

## 壬申中秋寄鸿文表兄

金桂香飘上碧空，嫦娥起舞兴冲冲。
青山满照秦时月，沧海劲吹汉代风。
人事运行天地大，法轮常转古今同。
长江秋水平如镜，兴激高天万里鸿。

1992 年 9 月 11 日

# 寄鸿文表兄

（陆鸿文先生，1928年生，他少年投笔从戎奔赴抗日前线，1949年春赴台湾，先后在嘉义农场、龙崎工厂工作，一生好学上进，历尽磨难。在两岸开放后，为家庭、为亲友做出了很多贡献。他罹患前列腺癌，经手术后证明已扩散全身，痛苦难言，危在旦夕，不能相会，异常伤心。因此，我集中时间、集中精力、集中感情，填写这一组诗词，先后寄上。）

### 蝶恋花

小草垂杨飞燕列，倚立层楼，欲把烟波接。

客里逢春花迅发，引来多少翩翩蝶。

忽见云山树落叶，天上人间，时听哀声咽。

雨骤风狂明火灭，悲歌一曲何时绝？

1996年1月4日

### 鹧鸪天

一只悲鸿万里飞，云山远望不能归。

晴天霹雳难行走，何日春风入翠微？

风冷冷，雨霏霏，新开美景一时稀。

落红满地随流水，柳絮飘飞草正肥。

1996年1月4日

### 忆秦娥

匆匆别,回头不见关山月。关山月,山河阻隔,一时音绝。

冰河解冻冰山热,天涯游子思归切。思归切,一身泪湿,满头飞雪。

1996年1月4日

### 行香子

江水东流,满载忧愁。往天边,冒雨行舟。风狂浪涌,不得回头。长夜难明,心欲碎,有何求?

匆匆岁月,花影幽幽。有贤妻意美情柔,儿孙绕膝,光照千秋。远瞩高瞻,青山在,度春秋。

1996年1月4日

## 望海潮·依秦观韵

寒风吹彻,百花枯萎,悲夫逝水年华。山间嫩竹,河边细柳,荻芦鸥鸟江沙。隔岸误时车。听海潮涌动,愁思交加。日夜呻吟,伤心犹念旧时家。

边疆还在鸣笳。好一天飞雁,一树梅花。风物自然,年年照旧,旅人不用长嗟。已是夕阳斜。又晴天霹雳,难入栖鸦。独自倚楼,空流泪水向天涯。

1996 年 1 月 15 日

## 长相思

日里思,夜里思,风烛田蚕泪结丝。多情人未知。
日亦移,月亦移,水水山山两两随。鸿飞永不离。

1996 年 1 月 15 日

## 七律·永别

梦里思君难见君,醒来看到一新坟。
高山顶上飞青鸟,古木枝头笼白云。
后土多情生绿草,皇天无意织红裙。
归来已是茫茫夜,杜宇声声不忍闻。

1996 年 1 月 15 日

## 题"生命不是小说"贺卡

一篇小说写完成,告别人间了此生。

隔岸无缘难见面,仙乡聚首更多情。

注:题陆鸿表兄寄来的最后这张新年贺卡"生命不是小说"。

1995 年 12 月

## 噩耗传来
## (鸿文表兄1996年1月26日逝世)

君去音何切,我闻心欲裂。

兄弟再相逢,神仙不可测。

苍天太无情,大海又阻隔。

孤鸿远远飞,滴滴身上血。

1996 年 1 月 26 日

## 寄陆正华侄女

天生秀女正同根,隔海相连一片心。

多少老人离世去,千丝万缕后来人。

1996 年 2 月

## 怀念王佩庭亲家

久病缠身不畏艰,抗争有力得心安。
人间离去天堂上,可见红尘天地宽。

每次回乡看亲家,殷勤款待话家常。
互相体贴送温暖,望我回程到路旁。

## 怀念王金元表兄嫂

抗日从军志气昂,以身许国保民安。
大军北上马蹄疾,胜利回归人尽欢。

诚实为人好榜样,热情待客心欢畅。
常来常往包涵我,每次光临光闪亮。

卧床不起我来看,最后一次见模样。
噩耗传来我痛悲,爱心不泯泪雨下。

## 怀念江旺渔业村刘文必大表姐夫

处世做人好耿直,一生辛苦谋生息。
养家糊口责任重,江上打渔劳心骨。

## 怀念吴声扬兄及二表姐

两人情感甜如蜜,风雨同舟歌并泣。
可怜表姐先离世,痛苦锥心难得出。

龟圫我曾住一宿,深情款待谈今昔。
如今想起感悲哀,讯息不通人难觅。

注:吴庄是他们的家,属于安徽枞阳县官桥镇。

## 怀念吴福宽表弟

病中盼望保平安,通过治疗可过关。
最爱枞川团聚乐,离家远走雁声寒。

## 怀念王生如表弟

少年安庆当工人,接着报名去参军。

苦干技能都很棒,光荣业绩亮人中。

注:他从士兵起,当班长、排长、连长到营长。

## 怀念陆大亮表弟

突发病患是恶疾,治疗无药家人哭。

年年付出是辛劳,应在晚年享享福。

注:以上怀念亲戚的诗作于2015—2017年。

## 迎春曲

### 春 花

含苞待放日,秉性属天真。

喜看花园里,千姿百态陈。

### 春　草

冬雪在高压，一时难出头。
春温升起后，小草兴悠悠。

### 春　树

孕育新枝叶，时空在运行。
过程留记录，碧绿展繁荣。

### 春　鸟

飞舞出丛林，歌声曾未停。
自然环境好，各类竞生存。

### 春　心

三月是阳春，心花向外倾。
结交新伴侣，游乐一船乘。

### 春　梦

梦里有情人，自由自在身。
开心谈笑里，对影可留真。

### 春 光

正值春光媚,光华到处飞。

飞来小屋里,我亦抱清辉。

### 春 游

出走好贪玩,心情海外张。

新天新地里,像是美家乡。

2011 年 3 月 7 日

### 山 望

烟雨蒙蒙下,兴来望后山。

枝条似铁骨,草地泛春光。

松鼠跃高下,鸟儿飞去还。

四方多寂静,邻里在家忙。

2011 年早春于向群女儿家作

## 步行跌倒

冰地步行我跌倒，及时爬起向前奔。
到家伤处家人看，身上内衣血染红。

送我求医看急诊，X光拍照预防针。
此行拖带家人累，往后如何敲警钟。

2011 年 3 月 4 日

## 感　怀

人生在世很平凡，雨打风吹不胜寒。
多少亲朋离世了，时常想起泪轻弹。

2011 年 3 月

## 拔　草

拔草弓身足运行，心灵体健显功能。
为培正草光天地，想做劳工不觉辛。

2011 年 3 月

## 自 述

重病缠身不得丢,奔腾气力实难求。

缤纷宇宙招人爱,引吭高歌我未休。

2011 年 3 月

## 2014 年感恩节外孙查理家

准备大餐有两天,高能手艺让青年。

新人长者多配合,谈笑声中喜结缘。

2014 年 11 月 27 日

## 铲 雪

为保安全来铲雪,年年心喜乐滋滋。

身心活动促康健,我应参加不可无。

注:感恩节前下大雪,为确保宾客赴会安全,及时铲雪。

2014 年 11 月 21 日

## 二月十一日冰上行

湖水严冬已结冰,为寻快乐有人奔。
我们欣赏也跟进,叱咤风云豪气存。

2014 年 2 月 17 日

## 养生心得

久病成良医,浅谈健保题。
人生多宝贵,岁月无穷期。
大国风云美,小家雨露滋。
历经风雨夜,上过青云梯。
旭日临窗满,清光照玉姿。
新鲜花果艳,富有繁荣堆。
流水向前走,高山仰望迷。
自然环境好,老者爱心痴。

2014 年 2 月 27 日

## 二月七日邀公寓老人茶叙

邀来几位老人家,一起迎春来看花。
三位老人超九十,年龄最小八十三。
人生一晃快离场,风雨途中行路难。
垂老精神仍是好,亲身体验谱新章。

2014 年 2 月 9 日

## 家里两盆花

上个星期买黄菊,昨天又去买红花。
堂前各自呈光彩,专为主人泛彩霞。

2014 年 2 月 7 日

## 元宵节耆英歌舞表演

正是元宵佳节日,大家欢乐过新年。
全场节目安排好,鼓励华人勇向前。
我亦登台大合唱,唐装穿上让人看。
滥竽充数属于我,没有自卑为赶浪。

2014 年 2 月 14 日

### 外孙查理大学提前一年毕业留校工作有感

提前毕业为超前，工作寻来霞满天。

基础工程打得好，高楼耸立创新篇。

2012 年 5 月

### 祝贺外孙女丽碧录取麻省理工学院

日日求知日日忙，人前展现好风光。

花香鸟语人沉醉，水秀山明入画廊。

2012 年 3 月

### 老年步行

白色清新大帐篷，欢迎老者作嘉宾。

座无虚席人全到，小雨伴行无纤尘。

喜见耆英身未老，歌声响亮入云天。

春华秋实陈新意，风景依稀似去年。

2012 年 10 月 10 日

## 老年步行

来到公园为健身，耆英欣喜展眉颦。
秋光潋滟晴方好，亮丽人生第二春。

广场教练健身操，悦耳歌声冲碧霄。
列队耆英开步走，承先启后是人豪。

2013年10月1日

## 练健身功一周年

清晨徒步去公园，学习练功为保全。
领队精心传技艺，大家一起乐心田。

集体练功一小时，全身启动展英姿。
老来不是风前烛，像是健儿马上驰。

多病在身难得除，为求运动必坚持。
人生易老脚先老，脚力提升正是时。

练功朋友多年迈,执着追求十七年。

要以他们为榜样,承先启后一天天。

2011 年 11 月 23 日

### 喜结善缘

善缘多缔结,顺水速通行。

谋事朝前进,风光迎面馨。

2012 年 5 月

### 西江月·要给多一点鼓励

鼓励催人奋进,批评难得欢心。笑看赤子展精神,奋发图强上阵。

时代波涛汹涌,人群步履艰辛。高歌一曲向前奔,满路花开雨润。

2012 年 10 月 18 日

## 赠向军龙珠

健康第一属诤言，遇事谋求结善缘。
运动坚持为保健，好教脉络畅通联。

无忧无虑度流年，祛病强身永向前。
清淡食疗特别好，毕生幸福乐天天。

2012 年 10 月

## 赠孙儿强强

目标定好向前冲，可乘东风万里行。
步上高楼看远景，百花吐艳日晶晶。

学习英文不放松，空间开阔自由行。
天涯海角风光好，游子奔途会觉馨。

2012 年 10 月

## 赞微信"青山禾田"

禾田禾字有谐音,前面青山可问津。
看到家人心境美,传播精彩长精神。

2012 年 11 月

## 赞微信"我爱我家"

我爱我家讲真实,生活画面动彩笔。
人人幸福可追求,每天快乐要努力。

2013 年 1 月

## 喜见向群获得荣誉证书

工作航天二十年,精华岁月亮人前。
一劳永逸春秋历,壮丽人生在结缘。

再干十年经验多,精神焕发又如何。
乐山乐水思前进,一路奔行听凤歌。

2013 年 9 月

## 迎 2016 年元旦

挂墙日历我翻新,乐见新年速现真。
八十高龄婚六十,自家小庆共迎春。

2016 年 1 月 1 日

## 拟编《三红集》

何时编好《三红集》,争取明年临产盆。
报答新交和故友,清新简朴觅诗魂。

严谨修辞任务重,补写新词气象雄。
两好相邀齐奋进,青山开满艳山红。

2016 年 1 月 1 日

## 后围墙 202

心安理得小楼房,温暖如春岁月香。
生活需求多方便,无忧无虑好地方。

2015 年 7 月 13 日

## 宿安庆后围墙 202

君慧安排老屋居,身心舒适乐何如。
昔年情感多珍贵,岁月流光骏马驰。

2015 年 7 月

## 书赠芙蓉表弟妹

中华瑰宝育才人,腹有诗书气自雄。
愿把心花奉献上,胸怀开阔碧云通。

注:方芙蓉,高中英语教师,退休后,研读古诗文,可敬。

2012 年秋

## 听朝来表弟讲家中事

退休钱不少,可供养家人。
流出一身汗,迎来万象春。

2012 年秋

## 怀念岳母

红尘路上步无多,肺病缠身没奈何。
苦难袭来难解脱,仅留遗爱续长河。

世界潮流涌向前,人民大众力争先。
我们也乘快车玩,羁旅天涯年复年。

2016 年 8 月 2 日

## 代男姑

有点老糊涂,家常话不休。
亲情总是好,一一记心头。

2011 年 1 月 13 日

## 从君慧三舅母说起

往年拜观音,如今信天主。
何处见真神,茫茫宇宙里。
她还拾破烂,是因生活逼?

不是解危困，唯图润心骨。

人人有追求，昆仑不休息。

风雨无穷尽，早晚有进出。

与世已无争，待人更亲密。

富者行慈善，穷家可得福。

心宽天地大，大海珠粒粒。

2011年2月

## 我的身体生活缩影十首

### 牙 齿

牙齿残存十六颗，功能半失食难磨。

及时除垢谋清洁，争取存牙贡献多。

### 耳 朵

听人讲话难听清，无可奈何少发声。

来电响铃我不接，全由老伴告详情。

### 步 行

坚持走路有功能，大腿伸开可运行。

为了身心能保健，年年月月在长征。

## 吃　饭

吃饭天天吃得饱，消化功能特别好。
苍天保佑我成全，可上高山去赛跑。

## 睡　觉

夜间入睡不为难，双腿弯弯心意安。
如果醒来方便好，重新入睡到天光。

## 看电视网络报纸新闻

重要新闻我爱看，包含大陆与台湾。
全球动静都知晓，像是清新保健汤。

## 学英文

学习英文没进行，只因诗集未完成。
何年了却心头事，继续求知当学生。

## 血压高

为何血压有时高，菜里油盐超指标。
经历多多知此事，及时调整逞英豪。

注：调整指药量。

### 治青光眼

多年帽戴青光眼,每日用心药水疗。
视力功能还算好,读书看报不需焦。

### 写诗很少

去年游子建诗社,我也报名去参加。
诗艺切磋气氛好,相逢每月在天涯。

2010—2011 年

## 生日礼

时逢正午向群来,捧着鲜花瓶里开。
还有一张精贺卡,生辰庆祝出心怀。

2013 年 6 月

## 生日留影

历史长河留玉影,亲情至上耀门庭。
心怀舒畅向前走,日月同行到百龄。

2013 年 6 月 30 日

## 向红上班前电话祝福

去年八十庆生辰,欢笑犹存影现真。
今日上班前电话,传来心意祝亲宁。

2013 年 7 月 1 日

## 强强发来邮件祝爷爷生日快乐

大洋彼岸孙儿情,祝愿爷爷快乐心。
赶紧回音含谢意,葱茏夏日满园清。

2013 年 7 月 2 日

## 金缕曲·庆贺张家太祖母百岁诞辰

竞走长长路。百龄人,长兴住处,举家欢庆。过往历经多少苦,赢得沧桑变更。太祖母,儿孙尊敬。持久和平新世纪,保安宁,可把心神定。身直立,脑安静。

家中不少开心事,到如今,风云聚会,大鹏观景。四代同堂真热闹,三老亲亲辉映。放眼看,仙踪幽径。心意平和人坦荡，暖风吹，拥抱光华影。花烂漫，创新境！

2016 年 12 月 1 日

## 长兴欢度春节

金光闪烁笑声哗，四代同堂一大家。
白雪花飘红日丽，龙飞凤舞耀中华。

1996 年 2 月 18 日

## 题长兴留影

长兴留一影，心里乐无疆。
暖暖人情意，融融日月光。
堂堂座上客，美美玉壶浆。
笑语欢声里，留真永不忘。

1996 年 2 月

## 新年寄张德忠先生

地球变小好游玩,西去东回一瞬间。
海市蜃楼观不尽,天涯游子又飞还。

1996 年 12 月 18 日

## 寄张德忠先生

开门还是一天忙,忙里偷闲镜里看。
感触太多人变老,风流不是少年郎。

1997 年 12 月 27 日

## 张德忠先生创办彩电技术专科学校

杏坛出力不辞辛,为国为民育后人。
哪管姓资还姓社,只图桃李满园春。

1997 年 11 月 14 日

## 赠李友娣亲家母

飞行万里为儿孙,春到人间福满门。
勤俭持家传技艺,爱心满满永留痕。

1997 年 12 月 3 日

## 寄兴化市戴南镇建林父母

展望戴南又一年,桥头里巷梦魂牵。
苏南苏北无差异,同是长江上水船。

1997 年 12 月 22 日

## 建龙家过圣诞节

千里驱车到沐家,小区一见顶呱呱。
家居亮丽好宽敞,设计清新像朵花。

夫妇一同做大餐,精神愉悦喜开颜。
亲情至上放心里,款待多多桌上看。

今日迎来圣诞节，满堂都是家中人。

礼物相赠传厚意，大家同乐共迎春。

家庭兴旺靠财源，科技红花映日鲜。

立足奠基传喜讯，未来还可步高巅。

注：沐建龙，建林二弟，医学博士，麻醉专家。

2011 年 12 月

## 红 梅

爱逐寒流放，不追热浪行。

风前摇绿叶，雪里展红缨。

## 芙 蓉

清水出芙蓉，寒冬到暖春。

夏天多艳丽，秋日净无尘。

1997 年 11 月 24 日

## 紫荆（百日红）

骄阳似火满天烧，自立炉中分外娇。

一夜寒风天变化，依然含笑展红标。

1988 年 8 月 8 日

## 芭　蕉

心怀爱子见精神，十万针尖好护身。

叶扇频开知冷热，干躯挺立面晨昏。

年年饱历风和雨，岁岁亲临苦与辛。

路上行人凝望眼，一年一度一番新。

注：上海瑞金医院高血压病房前面有几株芭蕉树，我在此临摹而作。

1998 年 6 月

## 虎年初一

大步流星到病房，掀开热面与鸡汤。

亲人康复全家愿，眼笑眉开共一堂。

大洋彼岸几回看，隔海隔山天地宽。

电话虽通难见面，心中祝福是平安。

1998 年 1 月 28 日

## 君慧第二次住院

相对眉愁心不开，最难定夺是将来。

人生价值知多少，想葆春光谁作媒？

注：曹医生诊断她患慢性骨髓炎。

1998 年 1 月 12 日

## 君慧第二次进手术室握手

暂时分别两情牵，默默无言各自怜。

我在门前长久立，心中渴望是安全。

1998 年 1 月 29 日

## 明年见

强作欢颜病榻前,血浓于水涌心田。

无须陪我回家去,展望荧屏好过年。

注:大年三十晚8时,她要我回家团聚,又一次握手,各道一声:明年见!

1998 年 1 月 29 日

## 牛年岁暮感怀

日月不居永向前,地球自转很安全。

新陈代谢如流水,风雨人生一百年。

1998 年 1 月

## 1月30日君慧一夜未眠

可恨病魔久困床,不能下地赏春光。

冥思苦想难成寐,消耗精神真可伤。

1998 年 1 月 30 日

## 君慧出院

出院乘车今到家，家人心里乐开花。
勤加保养防生病，自在安详细品茶。
浩荡春风迎日暖，悠闲朗月泛光霞。
心中杂念全抛弃，唯爱童颜两鬓华。

1998 年 1 月 10 日—2 月 24 日

## 君慧住安师院我常来探亲

安师三十一平楼，客舍栖身喜亦忧。
斗室能容君满意，院方待好我何酬？
人间还有牛郎怨，天上仍留织女愁。
感谢红儿牵彩线，绿荫窗下写春秋。

注：安师院 31 号楼 26 号房，原是小女向红单身宿舍。

1998 年 1 月

## 不 寐

一夜穷忙为哪条，跋山涉水路迢迢。
月明星闪随君去，又织新丝向日飘。

注：1990 年 9 月 10 日安师院君慧一夜未眠。

## 感　事

老年独住小山城，不见妻儿百感萌。

腹内愁肠人费解，邻家说笑我无声。

大街取乐街灯照，小巷呼朋巷月沉。

何日与君同起步，卿卿我我道中行。

气象变迁不觉嫌，有亲有故也难沾。

谁云世道今同昔，又说政风钱养廉。

下拜上方还是谜，苦来无计变成甜。

时间流水催人老，何日船行到日边。

1988 年 9 月 10 日

## 1988 年 7 月 1 日至贵池江敏华同志家

江北江南共一天，池阳枞水紧相连。

心中秘密为君诉，商讨宜城度晚年。

人生烦恼知多少，步步艰辛真可怜。

窄路相逢宜挤过，前程可望有新年。

注：江敏华，枞阳县人，贵池工作。

1998 年 7 月 1 日

## 春日偶成

春风送暖日初长,几净窗明笔墨香。
只要心中无打扰,可能写出好文章。

1998 年 2 月 27 日

## 一九九〇年元旦

天气阴沉我不沉,夕阳斜照白头吟。
书中可奏高山曲,笔下能弹流水琴。
怒放红梅香外溢,深情青鸟影常临。
寒天绿树窗前立,跳动童心育八音。

注:元旦写于办公室,下午 1 时写毕。

1990 年元旦

## 告别八十年代

风云变幻看星辰,世事沉浮总有因。
莫怪青天寒暑逼,应知沧海浪涛频。

高峰挺拔乾坤秀,小草晶莹物候新。
十载航行拼搏出,九州生气乐天真。

1989 年 12 月 31 日

## 宜城早春

春进古江城,门庭百态生。
人潮如浪涌,旭日逐波行。

1993 年 2 月 2 日

## 宜城暮春

雨润宜城绿,江帆日照红。
燕歌莺语醉,柳絮舞东风。

1993 年 3 月 3 日

## 百日红（紫荆）寄何宗贵先生

（县政协小院有一棵紫荆花树，我亲眼看它六年，无论骄阳似火，还是恁寒季节，花都开得非常鲜艳，格外引人，我现在一面写它，一面看它，仍是这样，作此打油诗，以资纪念。）

花无百日红，此话有些空。
人说未曾见，我言几度逢。
当头炎日照，笑脸赛芙蓉。
秋雨连绵打，满身挂彩虹。
一生坚且秀，不怕雨和风。

1992 年 9 月 9 日

## 宜城中秋赏月

喷水池旁望月圆，爷爷奶奶小强牵。
宜城相聚中秋过，不是缘来也是缘。

1992 年 9 月 11 日晚作于安庆

## 沁园春·离职

积雨初晴,万里无云,赶紧出门。有恩师引路,穿山越水,披荆斩棘,指点迷津。雨雨风风,风风雨雨,破浪扬帆仰北辰。人未倦,正高峰揽胜,雷打惊魂。

眼前满地黄金,亮闪闪,清光照玉人。喜红梅怒放,漫天白雪,猴儿西去,再把鸡训。读五车书,会八方客,浮想沉思细论文。情难老,看鸳鸯戏水,还我青春!

1992 年 12 月 14 日

## 猴年除夕

今夜有缘聚一堂,天伦之乐不寻常。
红炉生起团团火,也在欢心赏国光。

1992 年 2 月 3 日

## 鸡年春节

浏阳鞭爆三千响,二度梅开香满门。
和煦阳光窗外照,一家同感沐天恩。

1993 年 1 月 23 日

## 无　题

冒雨迎风作远游,饥寒交迫有谁忧?
神仙哪管人间事,苦海无边驾小舟。

1996 年 2 月 12 日

## 枯荷 1995 年 12 月 30 日晨于菱湖公园

帽落泥潭里,依然挺直身。
风寒无所惧,枯槁有谁亲?

1995 年 12 月 31 日

## 在 野

野外新鲜空气多,南柯一梦意如何?
青山屹立仍依旧,辛苦渔人逐逝波。

1992 年 4 月

## 安庆乘车到家

公车开动急心飞,一路金花两面围。
欣喜枞川红日丽,提篮买菜把家归。

1992 年 4 月 4 日

## 初秋感怀

夏日炎炎热浪多,凉风不起现如何。
春光几度人难老,秋月重圆谁愿磨。
万朵明星光禹甸,百年过客梦南柯。
茫茫大海无舟楫,小立池旁赏玉荷。

1992 年 8 月 17 日

## 12月29日晨，枞阳至怀宁，车上作

满城灯火满湖星，滚滚车轮转不停。
莫怪黎明还未到，半车酣睡半车醒。

怀枞两地走亲家，为索佳音苦断肠。
刚露笑容收拾去，不堪变数几多强。

1992年12月29日

## 金缕曲·四进上海瑞金医院

探索人生路。站阳台，洋洋远望，有骅骝驭。重病缠身虚汗冒，难得金闺小聚。春去也，满城风雨。生命多长天知道，显风流，再把难关渡。朝前走，不停步。

看那宇宙迷人处。莫心惊，花瓶打碎，恋人愁苦。春去秋来还爽快，好伴灵芝玉树。看一看，儿孙张羽。此刻申城花烂漫，振精神，好把金汤固。灯未熄，得佳句。

1993年5月26日

## 生命走向

客观规律死难逃,顺应潮流人自高。
重点防攻须有力,呼风唤雨好时髦。

1993 年 5 月 20 日

## 瑞金医院住院有感

二十年来血压高,心神无计乐陶陶。
而今生理呈衰退,瘦骨嶙峋折不挠。

1993 年 5 月 13 日

## 赠老伴

风烛残年老病身,相依为命爱纯真。
何年分手天堂去,盼望重逢再结亲。

1993 年 6 月 6 日

## 留 言

几多思虑化留言,渴望儿孙火炬传。
知识翻新新世纪,登高望远立人前。

1993 年 7 月

## 感 怀

花谢花开放眼量,轻舟荡漾载斜阳。
清心一片迎风月,玉宇琼楼琥珀光。

1993 年 1 月 10 日

## 感 怀

只恨人间路不平,英雄扑地几回惊。
抬头可望秦时月,一片诗情慰此生。

1993 年 1 月 4 日

## 感怀安庆市政协九届五次全会

人民政协吐心声,肝胆相倾百味陈。
忧国忧民为己任,心花一束永留真。

聚会宜城历五春,少年易老白头新。
桃源今古千般好,会有渔人去问津。

1993 年 3 月 18 日

## 追 记

怒火冲天不见人,凤凰毛落有谁亲?
只缘心里多趋势,难怪强权假乱真。

1993 年 3 月 14 日

## 安庆金凤旅馆

租房开旅馆,卖力为谋生。
喜鹊临门叫,谦恭把客迎。

1993 年 3 月 15 日

# 向军为改变环境自谋职业作此诗勉之

十年磨一剑,汗水热淋淋。

河界三分阔,计谋万丈深。

石中藏美玉,沙里有真金。

仰望高峰险,丹心游子吟。

1992 年 6 月 15 日

# 1991 年春节作

## 红　梅

顶住寒潮绿树围,年年此刻显神威。

清香飘逸随风去,疏影横斜带月归。

铁骨铮铮扬国粹,丹心耿耿满林绯。

玉龙起舞仙妃醉,一片红心岭上飞。

1991 年 1 月 28 日

## 碧　空

秀目传神望碧空,迎来清气贯长虹。

千年不老银河系,万木长春雨露蒙。

科学迷宫花烂漫,神奇世界果鲜红。

东方旭日朝霞艳,琼阁流丹气象雄。

1991年1月28日

## 记1月2日凌晨向群电话

地冻天寒床上暖,平安无事梦方酣。

电波一响人惊醒,万里乡音两地谈。

1992年1月2日

## 题云飞向群父子影母子影

喜在眉头笑在心,春风得意碧潭深。

天伦之乐无穷尽,水往下流听好音。

1992年1月13日

## 1988年春节寄美国女儿女婿

大洋彼岸一红妆,她是东方金女郎。
宝玉怀藏明月伴,好花戴上满头香。
书山步履羊肠道,学海神通故国邦。
远望长途人不倦,歌声阵阵晓风扬。

云飞万里有何求,为探新天结伴游。
少小成才谋技艺,青春蓄志展鸿猷。
星光闪动山河壮,硕果光辉雨露稠。
一代精英怀大志,炎黄厚望记心头。

1988 年 2 月 10 日

## 寄向群、云飞

远望西方又一年,双双倩影梦魂牵。
乘风破浪知惊险,踏雪寻梅爱自然。
挤进洋洋新国度,难忘滴滴古神泉。
鱼书万里情何达,小院生风我欲仙。

1997 年 12 月

## 圣诞节寄云飞、向群

宜城万里望波城,圣诞老人正显灵。
乐业西方蒙厚爱,安居海外亦含情。
辛勤结果山河变,科技开花血汗凝。
进步无穷新世界,和平发展属精英。

1997 年 12 月 3 日

## 寄北京向红、美国波士顿向群

春满京都细雨飞,杏花含笑启春闱。
南天男女经纬织,北国城乡锦绣围。
两岸亲朋常晤面,四方游子报春晖。
老人喜看新苗壮,一片深情陌上归。

远望西方报好春,迎来多少东方人。
勤勤恳恳培新秀,认认真真拾宝珍。
席上相逢萍水客,灯前共话故园亲。
长城万里今犹在,一代群英点缀新。

1989 年 2 月 8 日

## 建林、向红结婚喜赋

一根红线玉娘牵,苏皖情郎结喜缘。
北国青山春里梦,南天绿水意中妍。
空间飞舞同林鸟,湖上飘香并蒂莲。
佳人才子风流事,竹帛书名世代传。

1988 年 1 月 18 日

## 祝向红北京成家

孩儿从此有新家,自种香甜五色瓜。
琴瑟美音飞梓里,鸳鸯彩翼耀京华。
攀登珠玛龙观海,沐浴春风树着花。
人在长城心捧日,开轩引进满城霞。

1988 年 6 月 3 日

## 沿途所见

万树新生白玉华，行人惊喜看奇葩。

风中摇曳青丝绿，疑似仙姑着碧纱。

1997 年 4 月

## 圣诞节寄加拿大渥太华建林、向红

上帝佳音人可闻，漫天华府雪纷纷。

冰深三尺茫茫地，气贯长虹密密云。

历尽严冬知冷暖，迎来丽日读诗文。

千方百计谋新业，赢得心间一片欣。

注：1993 年 1 月 5 日冒雪送向红去郭庄看姨奶奶。

1997 年 12 月 3 日

## 送向红至波士顿车站回加拿大

站台分别盼平安，此刻心中不胜寒。

唯愿家人团聚好，相思难见也心欢。

1993 年 7 月 24 日

## 展望新年寄向红、建林

雪花飞舞绮窗前，北美空间分外妍。
心恋燕京思往日，神安华府度新年。
萍飘万里情为重，鸟站高枝意觉先。
潇洒人生风雨里，严冬过去艳阳天。

1993 年 12 月 23 日

## 题向红近影

嫩草鲜花气象新，高空辽阔白云生。
心中美好全呈现，满目风光无限情。

1997 年 12 月 3 日

## 寄建林

京华外出业经年，异国风光目了然。
俏立山前观大海，春风吹动碧云天。

立足异乡难上难,长途跋涉历风寒。
年来开辟新生面,科学迷宫任往还。

世事洞明皆学问,经常夜里读文章。
为求真理思先进,眺望西方仰玉堂。

两地分居话短长,意存高远志图强。
伦伦与日天天进,也在唠叨过海洋。

1992 年 1 月 3 日

## 寄 语

风华正茂好时节,万里长征含泪别。
站稳脚跟坚如铁,兵分两地同心结。

1992 年 2 月 11 日

# 诗三首

## 建林、向红来美工作

天空晴朗彩云飞,劳燕心欢入翠微。

大道奔驰新一站,高山挺立更巍巍。

1999 年 10 月

## 新泽西新居

恬静社区一小房,后边拥有小池塘。

周围树木为屏障,宝地安家似故乡。

2000 年 4 月

## 小女向红在纽约街头送别

回头相看亦伤神,临别依依骨肉情。

拥抱难分流热泪,人间喜得是亲生。

2000 年 4 月

## 向军获得管理科学与工程博士学位

大年思努力,光景自推移。

算得人中杰,生平倩影随。

2013 年 6 月

注:向军将进入不惑之年,独立思考,继续完成新的学业,他在中央财经大学读硕士,在中国矿业大学读博士,是在比较困难的情况下进行的,他的决断和努力我们感到无比欣慰!现在他是首都经贸大学教授。

## 龙珠在京聘任主任医师

获得最高职,家人欢乐兮!

辛勤为榜样,孕育梦中期。

注:龙珠在人才济济的首都北京,通过口试、笔试,发表论文和辛勤工作获得主任医师职称,我们感到特别高兴!

2010 年 8 月 9 日

## 1994年8月2日云飞博士论文答辩通过

学业已成功,香槟酒一盅。
人前留倩影,天上看飞龙。

1994年8月2日

## 1994年11月21日向群博士论文答辩通过

万里寻常熟,亲临几度辛。
高山诚伟岸,大海浪潮新。

1994年11月21日

## 建林获得空间物理博士学位

中国首批博,当年少亦稀。
两千人拥戴,共作光华题。

注:据《人民日报》载,当时全国博士只有2000多人,包括以前国外获得博士学位的人在内。

2010年7月

## 向红获得计算机学士学位

万能计算机，到处显神奇。

试探开新宇，青云有路梯。

注：向红是文理双学士，她在安师院获得英语学士学位，在加拿大渥太华大学获得计算机学士学位。

2010 年 8 月 9 日

## 寄语孙儿强强

强强初懂事，学习很认真。

智力多开发，风光日日新。

1992 年 11 月 7 日时年七岁

## 祝何强生日快乐

正值少年时，灵心有所思。

一中真是好，理想应如期。

1996 年 11 月 7 日

## 强强骑虎题照

少年好威武,骑虎去长征。
日月当空照,山山水水迎。

1993 年 9 月 30 日

## 寄孙儿强强

万里望长春,家中碧玉真。
南天连北国,共赏一星辰。

注:1995 年冬,他在吉林长春治疗耳疾有寄。

1995 年 12 月 21 日

## 远望寄加拿大女婿、女儿、外孙女

春风吹起暖洋洋,身背书包上学堂。
满路光华芳草绿,行人共度好时光。

功夫不负有心人,学海书山几度辛。
创业艰难天注定,英雄巾帼笑迎春。

1996 年 3 月 2 日

## 为外孙女沐伦在安庆出生作

沿江两岸玉兰开,天使兴高采烈来。
一路风光舒彩袖,几声呼唤听惊雷。
眉清目秀人中杰,面白心红岭上梅。
列队迎亲飞驾到,宜城小住上燕台。

1989 年 6 月 29 日

## 沐 伦

学生华语摆擂台,谁举金杯不可猜。
此刻双亲心里想,家家拥有状元才。

棋场比武正凝神,想得赢家必认真。
小小棋迷思路阔,成功定属热心人。

心情专注学弹琴,每次追求练好音。
他日荣登龙虎榜,兴高采烈看伦伦。

注:沐伦在渥太华学生故事演讲中得了金杯,围棋、钢琴学得也很好,特写这几句纪念。

1997 年 6 月 13 日

## 寄加拿大外孙女沐伦

天上展明星,星光万里明。
有心人想摘,功到自然成。

1995 年 12 月 11 日

## 眼看佳佳

眼看佳佳学习忙,脑筋开动笑开颜。
单词成绩排前列,数学超前捧玉盘。

2011 年 8 月 16 日

## 喜闻张宇在美国出生

艰难险阻闯三关,自在安详若等闲。
寰宇腾飞天象好,波光万里映群山。

1991 年 8 月

## 寄美国外孙查理

日日思查理,西方眼望中。
分离有半载,何处再相逢?

学习天天上,心如日月明。
门门功课好,争取得头名。

1995 年 12 月 11 日

## 祝贺元元诞生

光临大世界,秀目展新容。
腊月鸡鸣晓,攀登碧玉峰。

1994 年 1 月 21 日上午

## 丽碧两周岁生日

生日宜城过,华堂笑语喧。
两支红烛亮,光照小张元。

1996 年 5 月

## 丽碧在安庆机场

长袜连裙小白鞋,自由跑动把心开。
机灵活泼人人爱,何日欢迎你再来。

1996 年 5 月 26 日

## 题查理、丽碧童年留影

笑得甜甜好自然,红花做伴顶新鲜。
童年乐趣天生美,兄妹同欢共少年。

2011 年春节

## 西江月·波士顿公园

公共自由场所,几条大道通行。东西南北有人群,脸上满堆兴奋。

我爱爬坡竞走,每天早晚光临。坚持快步展精神,全为强身上阵。

2016 年 12 月

## 西江月·波士顿花园

花木清新布局，水边空气宜人。欣观湖面鸭成群，小岛绿荫辉映。

我为闻香到此，亦为吸氧通灵。自然画卷美如神，时见新婚留影。

2016 年 12 月 14 日

## 老年公寓

公寓最高七八层，玲珑别致好功能。
看医买菜都方便，大小公园能伴行。

老人住上漫开心，空气清新可养身。
公共地方多开敞，四海为家此地春。

我们住在高层里，卧室客厅向朝东。
晴天就有太阳进，月白星明亮碧空。

2016 年 12 月 12 日

## 春日波士顿北郊

飘飞瑞雪引春来,黄白红花次第开。
万树枝条新着绿,千门草地碧云回。

鸟唱枝头婉转声,山清水秀总含情。
香风爱吻行人面,细雨牵丝好透明。

1994 年春

## 波士顿北部看落叶

黄叶飘零漫碧空,最终坠入草丛中。
阳光高照添光彩,幻是迷人满地金。

1995 年秋

## 波士顿罗根机场起飞回国

银鹰展翅向东飞,万里高空不觉危。
久念故园风景美,太平洋上燕儿归。

1995 年秋

## 北京首都机场家人接机

儿孙早已候机场,久别重逢泪几行。
喜见强强高大个,一家未改旧时装。

1995 年秋

## 女儿向群迎接罗根机场

机场喜见女儿来,身着红装笑脸开。
拥抱亲娘含热泪,万家灯火照情怀。
注:1998 年秋第二次来美。

1998 年秋

## 七十抒怀

一晃而来七十春,忙忙碌碌为求真。
只知宦海无油水,未见冰心有纤尘。
热血少年身似铁,临风老汉影传神。
抬头看看新天地,高举红旗有几人。

剩下时间已不多，远离人世又如何。
荣华富贵全忘却，衣食住行求什么。
想念亲朋难聚会，愿将恩怨化成河。
长江为我增光彩，大海狂涛作赞歌。

2003年6月

# 庆贺君慧八十寿辰

欢度人生八十春，长途跋涉几艰辛。
培育儿女劳心力，服务人民讲认真。
驱走病魔延寿命，居闲取乐学躬耕。
一生心血为人想，相爱相知老更亲。

豆蔻年华我识君，如今已是面黄昏。
生生不息情怀壮，落落大方气象新。
世界潮流前面走，门庭温暖古风存。
全家待我多关爱，你是其中第一人。

大潮滚滚总流东，无数江花入梦中。
形象思维神不老，养花作画兴无穷。

伴随默契事成速,磊落情怀人正宗。
一笑催开花万朵,登高望远乐融融。

2017 年 1 月 3 日

## 念奴娇·一甲子同行

东升旭日,与情人共步阳光通道。一路同行声朗朗,拂面清风多好。舞步连连,歌声阵阵,总是朝前跑。满怀理想,青春时代风貌。

黄昏接着奔来,缕缕红霞,爱把丹心照。万里征途人列队,莫把时光消耗。岁月无穷,人生苦短,梦里春秋眺。每天心想,寰球保洁居要!

注:纪念结婚六十周年。

2016 年 11 月 20 日

## 钻石婚庆典

百子降临汇贤府,秋高气爽正宜人。
今日隆重欢聚会,分享人生第二春。
不远千里应约来,感动操办儿女们。

庆贺两位主人公，人间拥有爱情深。

老人欣喜神气旺，穿着新装步光临。

钻石戒指老伴戴，眉开眼笑展精神。

携手共进阳光道，两个世纪种爱情。

美好人生人共愿，征途路上放光明。

耳听老人故事讲，光华满目亮乾坤。

人生难得一知己，风雨兼程向前奔。

如此机缘难拾得，一同努力可追寻。

生命美满诚可贵，爱情价值居上层。

台上年轻主持人，风流潇洒播殷勤。

儿女开怀赞父母，嘉宾感佩两寿星。

乐奏歌唱觅知音，过眼云烟香又清。

现场专业摄影人，及时摄影见真容。

还有在场书画师，挥毫泼墨力耕耘。

何家书法师最多，书赠嘉宾供赏欣。

许多趣事难写尽，留在心里可长存。

祝愿天下父母亲，家庭幸福乐天真。

注：2017年11月5日，我与老伴的钻石婚庆典，在首都经贸大学汇贤府隆重举行。

2017年11月5日

# 后 记

　　《三红集》反映了作者豁达的胸怀、丰富的情感和勇往直前的人生态度。"红豆集"是作者广交朋友，以诗会友之果。多年来他与许多友人，你来我往、酬诗唱和，字字句句发自肺腑。"红尘集"是作者对人世红尘的深刻思考，触景生情、娓娓道来。诗中有作者对历史伟人的敬意、对高尚的情操的崇拜、对普通民生的关注，也有对生活的热爱、对游历大好河山的感悟。"红楼集"把对家人和亲人的深深眷恋，转化为他的诗作源泉。字里行间充满着对亲人的关爱、怀念，对晚辈的期望、嘱托，千回百转，感人至深，犹如点点繁星跃然纸上耐人寻味。他不论今夕往日，与亲人、友人相处，皆十分珍惜，总能捕捉到他们各自的闪光点，继而编织成脍炙人口、情感真挚的诗句。

　　我是作者的爱人，与他朝夕相扶相助，看到他耄耋之年仍为新诗集的出版热情不减，既佩服、又感动。他约我为其写后记，我不负使命，写出这点浅见，很不对题，望编辑先生校正，欢迎读者指点。我在这里代作者感谢家人、朋友，为本诗集的出版给予的支持和帮助。

史君慧

2017 年 5 月 5 日

## 感恩与传承

亲爱的读者，各位亲朋好友：

在这个深秋时节，我们分散在各地，共同缅怀我们深爱的父亲。他在2023年9月25日，于波士顿平静地辞世，享年九十岁两个月二十四天。此刻，我们手中的《三红集》，正是他一生心血的缩影，也是我们对他无尽的怀念与致敬。

虽然父亲已经离开了我们，但他的诗歌却永远在我们心中唱颂。自从2014年父亲的诗集《第二个春天》在长江文艺出版社出版以来，他就沉浸在《三红集》的创作之中，父亲把他丰富的人生阅历、对生活的深刻感悟和敏锐的洞察力，转化为生动的文字，描绘出五彩斑斓的世界，表达了对家乡的深深眷恋，对亲友的感激之情以及对社会的深入思考。

如今，这本珍贵的诗集由中国文联出版社出版，让我们有机会再次领略父亲的才华与魅力。在此，我们要向出版社的编辑们和所有的工作人员表示最诚挚的感谢。是你们的辛勤付出和精益求精的工作态度，让父亲的诗集得以完美呈现并传承下去。同时，我们也要感谢父亲生前的诗友、同事，是你们的支持与鼓励，让父亲坚持创作完成最后一本诗集。还要感谢每一位读者、亲朋好友的关心与厚爱，让我们在悲伤中找到了前进的力量。在这个特殊的时刻，我们想说：父亲，您的诗歌将永远传颂，您的精神将永远激励我们砥砺前行。我们将继续传承您的诗歌理念，让更多的人在感受您对生活的热爱与豁达中，汲取积极向上的力量。最后，再次感谢大家的支持与厚爱！愿父亲在天堂安息，他的诗歌将永远照亮我们的心灵之路。

　　此致
敬礼！

向军、向群、向红<br>
2023 年 11 月